D1729065

Фашизм и наоборот

•●•

Леонид Гиршович

Фашизм
и наоборот

Повесть

НОВОЕ ЛИТЕРАТУРНОЕ ОБОЗРЕНИЕ

МОСКВА 2005

УДК 821.161.1-31
ББК 84(2Рос=Рус)6
Г 51

В оформлении обложки использована
картина Х. Риберы

Гиршович Л.
Г 51 **Фашизм и наоборот**: Повесть — М.: Новое литературное обозрение, 2005. — 184 с.

Леонид Гиршович — известный прозаик, музыкант по профессии, автор романа «Прайс», а также сатирических повестей («Замкнутые миры доктора Прайса». М., НЛО, 2001). В новой книге писателя Россия опять в центре утопических экспериментов. Забыто разделение на богатых и бедных. Несправедливость коренится в разделении человечества на мужчин и женщин. Устранить ее может только биологическая революция, конечная цель которой — построение внеполового общества. Повесть Л. Гиршовича — сатирическая антиутопия, где законы диктуются очередным капитальным философским трудом по переустройству мира.

ISBN 5-86793-409-8

Вашей юности полетам, как во сне, так и наяву

* * *

Ночь, бедность, изгнание.

«"Россия, Лета, Лорелея" — клептоман...» Испуганно озираешься по сторонам, но охрана чужих авторских прав в лице Виктоши спит. Во сне всякий человек — дитя малое, бесполое. Вернее, ночь бисексуальна: и богатству она впору — с его ночными кутежами, и с бедностью они два сапога пара, в ночлежке не продохнешь (зато изгнанию с богатством не по пути: половая ориентация изгнания — пара стоптанных сапог).

«Фашизм и наоборот», капитальный труд по переустройству мира, создавался, как и всякий капитальный труд, в изгнании. Ночами. Не в ночлежке, но в бедности и безвестности. Чердак, полуторная кровать — она же письменный стол, она же книжный шкаф — раскинулась широко: от стенки до занавески. За занавеской плита, унитаз, тюбетейка душа. В дождь, впрочем (по замечанию Виктоши), душ был нужен как рыбе зонтик.

Ты пробегаешь строку бессонными счастливыми глазами. Собою полн, никем не признан — позади полнощный труд, завещанный от Бога, впереди сон о бессмертии, вроде бы заслуженном. Сам с собою говоришь, сам с собою рассуждаешь. И в рассуждениях своих вовсе не прикован к ядру личного опыта. Это к тому, что человек не раб своей субстанции (и — образуя силлогизм: «А Такойтович — человек»). Куда интересней не *что* считает тот и *что* считает этот, а *почему* они это считают. Почему, скажите на милость, Хайко Клоц — пацифист, отпустил длинные волосы и в своей «натовской» куртке демонстрирует в поддержку сандинистов, тогда как Ешка Фишер стрижет свой газон, носит лоден-мантель и по вечерам режется в пивной в скат? Ведь с медицинской точки зрения они одинаково цапленоги, близоруки, поедают много салата, спят со своими женами и т.д. и т.п. Тебе неинтересно, *что* считал Карл Маркс, но *почему* он так считал? И почему именно он?

Бесспорно, твой взгляд на вещи не обусловлен тем, по каким местам тебя в жизни било. Здесь обратная зависимость: сознание определяет битье, устройство мозгов определяет битье. Другими словами, всему причиной твоя *вера*, изложение которой практически и содержит «Фашизм». Помнишь свой первый разговор с Виктошей?

В.: «Во что вы верите?»

Т.: «Лично я ни во что, но у меня есть пожелания».

Вера формируется у каждого в соответствии с его пожеланиями («Хочу, чтоб так было»). Но что лежит в основе наших пожеланий — это уже, вероятно, по части генной инженерии, а не инженерии человеческих душ. Твоя точка зрения, твоя позиция отражает исключительно ситуацию с твоими генами. И в мыслях у тебя нет хватать за рога объективную реальность. С другой стороны, твой эгоцентризм всего лишь средство отделиться от себя самого, средство самодистанцирования, что парадоксально только на первый взгляд: самодистанцирование ради самопознания — это нормально. Это фашизм не способен ни взглянуть на себя извне, ни попытаться познать себя изнутри. Эгоцентризм оправдан уже тем, что в крайней форме своего проявления — «остранении» он-то и говорит фашизму: но пасаран.

Есть три понятия, смысл которых при всей его очевидности буквально выскальзывает из пальцев, когда берешься его определить. Это «ум». (В чем критерий? В поступках? В суждениях? В знаниях? В какой-то своей области последний дурак — профессор, с другой стороны, «дурак-профессор» — повсеместное явление.) Это не любимое почему-то Виктошей слово «пошлость» («сам пошляк», «кто как обзывается, так сам и называется»). И это «фашизм» — не в историческом, а в экзистенциальном плане.

Твоя книга начинается с определения фашизма, весьма обескураживающего, покуда из дальнейшего не становится ясна картина мира «по Такомутовичу»: «Фашизм — это почитание совокупляющихся мужчины и женщины как абсолютной святыни, притом что их акт есть наш акт и они сливаются с нашим Я». Дальше ты объясняешь, почему так, что одновременно является ответом на сакраментальное «како веруеши?».

«Кто хочет — тот может, кто может — тот должен». Это формула несвободы, предопределенности всего маршрута. Неизбежное порабощение свободного «может» рабским «должен» объясняется тем, что природа не терпит пустоты, любая возможность обречена на реализацию. Что до первого звена, светлого — «кто хочет, тот может» — это слышит изо дня в день каждый Витя Малеев в школе и дома; об этом же неопровержимо и захватывающе свидетельствует превращение каменного топора в космическую ракету. В детстве боявшийся ада и смерти, ты мечтал, что к «тому времени» научатся делать «операции на сердце»: виделся перочинный ножик, что-то там такое чик-чик-чик, и умерший снова оживал. С опаской, робко, но ты все же верил: в том отдаленном будущем, когда это должно случиться с тобой, человечество что-нибудь придумает. А так как по-прежнему аппетит к жизни у тебя волчий — хотя первый голод и утолен, — ты продолжаешь в это верить.

Основания для подобной уверенности (твоя вера не с большой буквы, она скорее житейского происхождения) дает нам элементарный здравый смысл. Логически: бесконечность мира — это бесконечность во всем, бесконечность не может быть с какими-то оговорками. Значит, это и бесконечные возможности: «И ты прав, и ты прав, и ты прав, и ты прав. В том числе и я». Мир (весьма условное слово «мир» — жизнь, самоосознающее себя бытие), мир, мало сказать, бесконечен, он *потенциально* бесконечен благодаря нашим постоянно осуществляющимся желаниям, которыми он создается. А если все же нет и он конечен — с хвостом, с головой? Тот же здравый смысл подсказывает: как большее и меньшее возможно воспринимать лишь в сравнении, так конечность возможна лишь относительно бесконечности, в сопоставлении с ней и в их противопоставлении. Бесконечность, прямо-таки на языческий лад, уживается с чем угодно, включая и представление о конце мира. (Это Иегова ничего не потерпит подле Себя — только кто Его спрашивает, не правда ли?)

Помимо той самоочевидной истины, что возможности человека суть его желания, коих он раб, существует другая самоочевидная истина: человек, как бы там ни было, это единственная форма жизни, осознающая себя и себе самой доподлинно известная, последующие (вышестоящие) формы — плод его гипотез, каковым еще только предстоит подтвердиться. Что предстоит, в этом нет никакого сомнения, всему предстоит подтвердиться, но поскольку бесконечность мира потенциальна — а вовсе не данность, — того, кто *спрятался за углом,* туда еще не поставили. Все предшествующие человеку (т.е. нижестоящие) формы жизни, когда он на них оглядывается, иерархически выстраиваются по принципу затухания в них самосознания — тише — одушевленности — еще тише — потребности в кислороде...

Фронтальный жизненный опыт учит: эволюция жизненных форм есть, грубо говоря, стремление таблицы Менделеева к той одухотворенности, за грань которой ты уже одной ногой ступил, однако перебросить другую ногу никак не удается, и в результате ты перерезан этой гранью пополам. Преодолеть ее, попав туда, где из-за угла уже выходит *следующий,* это и зовется благом.

Только с появлением форм жизни, себя осознающих, возможно отношение к тому, *что* ими, собственно, осознается. Так с человеком рождаются в мир желания. Не затем, чтобы диктовать его «свободную» волю, нет, они сами диктуются необходимостью эту волю осуществлять. Наши желания можно уподобить огням мчащегося в ночи транспорта, и при этом, что более важно, горючему. Не переставая быть субъектом эволюции, человек одновременно делается орудием ее. Отныне он — мотор этого транспорта. О том, кто в кабине, чуть позже.

Жить! Не в рамках рода, не с целью его продолжения — жить во имя сохранения своего индивидуального сознания, во имя вечного его сохранения. В этом разница между инстинктом жизни и желанием бессмертия. Но «на стадии человека» разум сосуществует с тем, что ему непосредственно предшествовало, отчего желания дублируются инстинктами — в одних случаях или, наоборот, в других случаях отчаянно им противостоят. На «стадии человека» разум не отменяет биологии. Сопутствовало ли нечто подобное первому преображению материи, появлению цветка на камне? Цветок и камень, противостояли ли они друг другу, как дух отныне противостоит плоти?

Дальше встает проблема жанра. Есть вещи, которые с точки зрения хорошего вкуса обсуждать недопустимо. Как прикажете глаголом жечь сердца людей... в гостиной — без того, по крайней мере, чтобы из этого не вышла чудовищная пошлость (извини, Виктоша). У оратора должны быть, как минимум, грязные ботинки, а лучше всего чирьи, блуждающий взгляд... Разве что за чашкой чая тоже можно вести теологические споры, а следовательно, помешивая ложечкой, рассуждать о страстях Господних.

Наличие в человеке разом двух противоборствующих жизненных формаций делает его положение драматическим, трагическим, комическим — в зависимости от угла зрения. Больно нелепа, неудобна поза, «когда одной ногой уже ступил, а другую никак не перебросить». Каждый из нас вправе сказать о себе: «Через меня пролегла граница, верней, демаркационная линия. Я — арена борьбы». Все правильно; и счастье тебе, человече, не светит, о воле уж и говорить не приходится, а покой — это недолгие передышки, потому что сохранять лояльность одновременно обеим воюющим сторонам удается худо-бедно, если военные действия не ведутся на твоей территории. Можно, конечно, эту ситуацию двоевластия обыграть — создать ощущение единого целого, декорировав физиологию а-ля франсэз. Но французы, известное дело, чужим загривком спасаются. Нам — вести войну на немецко-русский манер, до победного конца. (В каком-то смысле итальянцы нашли невероятный *баланс* (гуманизм), почему все, и в первую голову англичане — суббота нашей культуры, так к ним и льнут.)

Человек — это бой за бессмертие. Одному из разделов «Фашизма» предпослан реферат книги Отто Вейнингера «Пол и характер», вышедшей в свет уже после самоубийства ее автора. Эпиграф («Вник ли ты в этот крик любви?»), цитата из «Кольца нибелунга» Рихарда Вагнера, взят с од-

ной лишь целью: провести параллель между вей-
нингеровским отношением к женщине, точнее
— возможной первопричиной такого отношения,
и обстоятельствами, при которых нибелунг Альберих с оперных подмостков произносит свое
«проклятие любви». Как известно, предшествуют
этой сцене безуспешные попытки мерзкого кар-
лика (по Вагнеру, Альберих — воплощенное
еврейство) снискать благорасположение рейнс-
ких русалочек — трех молоденьких немочек,
всласть поиздевавшихся над его беспомощной
похотливостью. Кстати, Вейнингер (между про-
чим, утверждавший, правда, в связи с другой
оперой своего кумира, «Парсифалем», что музыка эта «навеки останется недоступной для насто-
ящего еврея») писал: «Еврей сладострастнее,
похотливее, хотя... обладает меньшей потентностью
в половом отношении... меньше способен к интен-
сивному наслаждению, чем мужчина-ариец» —
причем тут же сквозь зубы оговаривался, что и
сам принадлежит к этому жалкому племени...
Покуда Вотан во второй картине «Золота Рей-
на» любуется кольцом, отнятым у пленененного нибелунга — этого Черномора на германский лад,
«из жалостных жалостного раба», — проница-
тельный Логе иронизирует по поводу проклятий
Альбериха, именуя их «приветом любви» (в рус-
ском переводе — «крик любви»). И тут сам собой напрашивается вопрос: а вейнингеровские
проклятия — женщине, еврейству, его брезгли-

вое бегство в педерастию, наконец — роковой выстрел в музее Бетховена — не является ли, в сущности, все это таким же криком любви, не слышится ли за этим глумливый смех какой-нибудь русалочки? (Вообще-то, ты предпочел бы другой эпиграф — помните известный снимок, где тщедушный чернявый ушастик и рослая немка выставлены на позор? На груди у новейшего Альбериха надпись: «Ich nehm' als Judenjunge immer nur deutsche Mädchen mit aufs Zimmer». Так было бы доходчивей. Но ведь не перевести! У Виктоши получилось: «Гляди, как я, еврейчик, млею, схватив за жопу Лорелею».)

Вейнингер — это негатив Федорова. Нет, неточно. Вейнингер — это Федоров в безысходности, без своей «Философии общего дела». Последняя дает Вейнингеру шанс. Но соединить обоих нет никакой возможности. Попробуй вообразить себе Федорова слушающим в Большом зале консерватории «Вступление» и «Смерть Изольды» («Liebestod»). Вейнингер же гностиков Третьего Рима не то что из своего венского далека (город, где разлит тонкий аромат смерти), но в упор тоже бы не разглядел. В итоге один стреляется... чтобы попасть в плен к немцам: он станет любимым героем их расовых саг. Другой пленяет россов идеей Великого преобразования природы, но — русскою идеей: сразу всем миром навалимся, только в интересах общего дела предварительно собравшись в арестантские роты.

Всегда интересней знать *почему,* нежели *что* — с этого ты начал. (Например, соитие тел, почему это грех, отец мой?) Вейнингер при абсолютной бездоказательности своих положений, попытками обосновать которые он только все портит, объясняет тем не менее именно *почему.* Почему он застрелился. Федоров, русопят, долдон, для которого нет понятия вечности — бесконечность! — в коем «великая славянская мечта» уж точно осуществилась, — Федоров как раз постоянно вам говорит *что.* Если б он еще сказал *как.* Его мужеско-братские отношения с подключением к ним в перспективе понурого выводка отцов обернулись хрустальным гробом посреди чевенгура — правда, после этого традиционного «ату!», произнесенного по адресу Николая Федоровича Федорова, хочется добавить: а все-таки будущее слева... А все-таки она вертится. Если б Вейнингер в тот роковой день вместо музея Бетховена зашел в планетарий... Он не мог: смерть, Вена, музыка. Смертная красота Европы, пронзенная стрелой времени. Города́. Архитектура — это всего лишь застывшая музыка, собор Святого Стефана — застывший «Реквием». Вот что таило для его сердца неизъяснимы наслажденья —

Бессмертья, может быть, залог!

Нет, он не мог пойти в планетарий, дитя великой европейской культуры в ее предзакатный час, европейский еврей, а значит, переживающий время с удвоенной остротою. (Теперь мы знаем, откуда берется знаменитая еврейская музыкальность — впрочем, с этим, кажется, покончено ввиду грядущих эволюций, т.е. с приближением «конца времен». Музыкальная ткань уже начала разрушаться. На европейской музыке можно поставить крест.)

Залог бессмертия не в «Реквиеме», не в музыке или в поэзии, не в силе охватившего нас экстаза. Эстетически переживать течение времени означает быть под действием наркотика — единственного, дающего иллюзию бессмертия, *Время* грозит нам гибелью, и, построив на нем свою энергетическую станцию прекрасного, мы бессознательно предаемся блаженству своей якобы победы над ним. Русская идея парадоксальным образом имеет целью спасти *тленные* сокровища духа, порожденные западным «темперализмом», укрыть их своей космической шубой. Ибо русская идея в том, что *простор переходит в пространство*.

А теперь твоя идея: время — это всего лишь топливо, расходуемое на движение в пространстве (на сотворение пространства, заполнение пространства — что есть всеобъемлющее условие бытия). Говоря современным языком, залог бессмертия — в замене энергоносителя.

Так почему же плоть греховна? «Виктош, а трахаться грех?» — «Смотря с кем». — «А вот,

Виктоша, по религии?» — «Смотря по какой религии. По вашей — это мицве называется: доброе дело, значит, сделал». — «Нет, погоди. По *нашей* это называется первородный грех. И по вашей. И по татарской». Виктоша знает это взыскующей небес душою. Грех, конечно... Но это такой грех, что... не зря говорится, основной инстинкт. Да и вообще, чего ты при**ался?

У Виктоши слабо с объяснениями на сей счет. «Потому что подзалететь можно, вот почему. А потом трагедии...» Воровать — Виктоша знает, что грех, и знает почему. Родителей там... тоже ясно. Что Бог ревнив, хочет только, чтоб Его одного любили — знакомо. Недаром: «И сотворил по образу и подобию Своему». У нас с ним общие слабости, ха-ха-ха... (Богоподобие человека тем легче представляется человекообразием Бога, чем чаще вы в детстве ходили в церковь: иконопись этому весьма способствует. Такойтович ходил в церковь часто, и его всегда коробило, когда офицер крестился, кланяясь, на образа. Где его гордость!) Но как объяснить, почему трахаться грех? Вика знает, даже есть вроде бы такие секты: как жена забеременела, муж сразу все. Завязал узелком. Мол, теперь без надобности. У монахов в определенные дни принято и выпить и закусить, но в смысле других дел — даже по самым большим праздникам... «Ну, монахам это и правда грех, — соглашается Виктоша. — В конце концов, в монастырь тебя никто не гнал».

А вот мнение Сергеевны, соседки: «Почему грех? Да потому, что грязь это». «Если по любви, то не грязь», — возражает Лора, интеллигентная женщина, библиотечный работник. По поводу того, что можно показывать в кино, а чего нельзя, она сказала очень решительно и даже хлопнув по столу ладонью: «Показывать можно все. Но красиво». Еврейская тетя Розочка, запудренная, как сдоба, со следами былой красоты и благополучия — в виде «маркизы» на пальчике и картин, развешанных по стенам двух ее комнат на Васильевском острове, — застукав как-то раз тебя, игриво шепнула, прежде чем уйти: «По закону Моисееву-то приятней».

Этот парад суждений и замечаний пускай завершит одно, недавно услышанное. В нью-йоркской студии «Свободы» философский диспут: много Достоевского, много Бердяева, общий посыл — щеголевато-элитарный, и тут кто-то из бродвейских мыслителей роняет по поводу им же походя упомянутого бердяевского, что половой акт безличен: «Ну, это, положим, зависит от партнера».

— Ну, хорошо, я тебе скажу, — Виктоша, как Платон Каратаев, имеет на все ответ. — Главный кайф — это барина поразить, а после еще полюбопытствовать с невинным видом: да ты чего? Это же так... это моя лягушонка едет в коробчонке. Как Клюев — в мнимом смущении кому-то, застигнувшему его с немецкой книж-

кою «врасплох»: «Да уж маракуем по-басур-
мански»...

— Грядущее блаженство надо заслужить, —
говорит Виктоша. — Проходишь великое иску-
шение одним, другим. Все царства мира показал
Сатана Спасителю. Миллион удовольствий. Вот
детям... почему им не дают сладкого, телевизор
не дают смотреть и вообще... Чтоб не разбало-
вать. А то вырастут, и у кого задница непоротая,
того жизнь будет пороть. Так наши отцы считали. А наш всеобщий Отец... — Вика крестит
рот, словно зевнув. — Он эту нашу земную
жизнь тоже как бы детством считает, мол, стра-
дать должны, сукины дети, тогда в вечной жизни
будете мне спасибо говорить. Никаких чтобы
сладостей, никаких удовольствий. Грех! А самое
сладенькое удовольствие это какое? Заполнять
форму содержанием. Аналог творчества, мой ми-
лый. Ян и Инь.

— Знаешь, Виктош, по-моему, рай в твоем
представлении — один сплошной оргазм.

— Я не против... Душа кончает двадцать четыре часа в сутки.

— Так ты в рай никогда не попадешь.

— Почему? Человек — дитя неразумное.
Дети, разве они всегда родителей слушаются?
Ничего, родители прощают.

Что следовать «основному инстинкту» грех —
как бы и само собой ясно, а вот почему — вам
так просто никто не объяснит. Да и само собой

ясно это скорей нам, мужчинам, женщины пассивно перенимают мужской взгляд — попробовали бы не перенять... Но без батюшек, наверное, и честные девушки не сочли б грех за грех. Даже до замужества.

Тем не менее то был, выражаясь языком канцелярии Всевышнего, *поступок, несовместимый с дальнейшим пребыванием в раю*; поступок, которому человек обязан своим падением; от которого одного лишь и предостерегал Господь Бог Адама и на который коварными устами неслышно пресмыкавшегося средь райского гравия Змия лукавый враг рода человеческого подговорил женщину, а та — своего ребячливого муженька. Поступок, о котором говорится «основной инстинкт» и при этом «первородный грех». Это отождествление инстинкта с грехом позволяет различать между инстинктом продолжения рода и желанием вновь обрести утраченное бессмертие — ведь они совпадают на то время, покуда от одного к другому переходит эстафета жизни.

В первых главах Книги Бытия есть все, включая и великую загадку: исходная ли сила Бог? Ибо неясно, волен ли Он был не сотворить человека — каким его сотворил? Если да, то почему уподобил творение Себе — а значит, наделил человека Своим творческим потенциалом, который тот рано или поздно не может не реализовать? Или Он этого как раз втайне бы желал? Сотворил человека на погибель некоему Узурпатору? О, как бы нам не была уготована в таком случае роль Зигфрида! Или сотворил, а потом передумал? Или начал Один, а закончил Другой? Бог и Дьявол, кто есть кто? С кем в действительности Адам разговаривал тогда в лесу? Вопросы, вопросы...

Сотворение мира — это детектив, который нам не по силам распутать. Страсть к чтению детективов непродуктивна, равно как и страсть к решению «проклятых вопросов». Тут лучше записаться в агностики. «Разве я хочу все знать?» (С кислой миной спрашивает Михоэлс — а отвечает Михаил Ульянов, этот знает, чего хочет.) «Я хочу жизни вечныя». Самая темная фраза во всей Библии, породившая, однако, самые светлые надежды, звучит так: «Нет, не умрете, но знает Бог, что в этот день, когда вкусите их, откроются глаза ваши, и вы будете как боги...» Этого знания нам более чем достаточно. Не случайно на вопрос «есть ли Бог?» некий персонаж некоего абсолютно борхесовского рассказа Набокова (Фальтеру на какой-то миг открылась истина) прямо сказал: «Холодно», в смысле — не там ищете. Это и вправду для нас в данный момент неважно и, главное, ничего не меняет. Важно знать конкретный следующий шаг на пути к бессмертию — каждого и всех вместе. Прочее — халоймес. Нам все равно ничего не понять, как в первом классе не понять объяснений, предназначенных для десятого.

Бердяевское высказывание — которое еще так простодушно прокомментировал кто-то на «Свободе» — гласит: «В самом сексуальном акте нет ничего индивидуального, личного, он объединяет человека со всем животным миром». Несколькими строками выше Бердяев говорит, что пол унижает достоинство человека. Еще бы! На «стадии человека» пол уже не биологическая характеристика, а биологическое оружие (семантический каламбур случаен, хоть и знаменателен), вопреки эмансипации, пол по-прежнему не сводим к ♂ и ♀, как к каким-нибудь двум группам крови, различие между которыми существенно лишь при ее переливании. Не то что вот спохватываются: ах черт, мне же рожать, я же ♂ — а то б и забыли вовсе, кто есть кто, благо — как сказано якобы в Талмуде — мужчина и женщина ничем между собой не отличаются, просто то, что у мужчины снаружи, у женщины внутри; высказывание по тем временам прогрессивное. Вейнингер, уже когда по Вене бегали первые автомобили, категорически отрицал наличие у женщины души, т.е. по отношению к нему известный средневековый собор, постановивший считать женщину человеком, был шагом вперед (отцы собора разделились на партии, пока не был приведен следующий аргумент: Иисус Христос называется в Евангелии *Сыном Человеческим*, но на земле Он был только сыном Девы Марии, следовательно, женщина — человек). Еврей и женщина не могут претендовать на обладание душой. Они по уши в физиологии, телесности, для них идея тела и идея рода — альфа и омега бытия (либо материнство, либо проституция — третьего женщине не дано). Только у евреев сводни — мужчины. Еврейский народ есть женщина среди народов, считал еврей-педераст Вейнингер. Розанов — любитель этой темы, но для него, существа в малой степени духовного и в большой степени парно́го, как раз это плюс в евреях. Вообще же Розанов болтун, находка для шпиона. «Молчи, баба! Не выдавай тайн!» — грозно кричит он Вейнингеру и сам же удостаивается статьи «О вечно бабьем в русской душе».

Пол — это половое влечение, это влечение к тому самому сладенькому удовольствию, в котором — так уж и быть, слово автору, понятия не имевшему о Бердяеве, — «мы равны козам, козлам, буйволам, оленям: серым, пятнистым, белым...». И дальше: «Пол — это антикатарсис, забвение телом души. Антикатарсис, где властительницей Венера, тогда как на противоположном полюсе Аполлон властелин... Антикатарсис, расстегивающий поясок и ре́мень — это совсем не стыдно. Это так же, как стыдиться своих родителей».

Половое влечение, в какой бы непредосудительной форме ни существовало и каким бы периферийно-невинным ни был интерес, все равно стягивается к антрацитовому зернышку оргазма.

И глядишь, Бердяев — олень. Я не хочу!.. Я мозг!.. Я достоинство!.. Я свобода!.. А мне, Бердяеву, эта кодла говорит: «Спиной повернись и прогнись». Я, Бердяев, противлюсь, но под силу ли мне им долго сопротивляться? И вот меня, Бердяева, уже ставят на четыре кости, раздвигают ложесна, и ходит он взад и вперед, и уже у меня, Бердяева, краснеют губы от восторга и мутнеет взор, и вот я, Бердяев, воплю насильнику: «Твоя! Твоя!» — на глазах той, кому я совсем еще недавно клялся в верности. На глазах моей *души*. (Недаром ты давеча признался, что «обычно помалкиваешь о доставленном тебе насильственно удовольствии». Не помнишь?) Мужчина резко выходит из этого состояния, женщина — долго, нехотя, помня, как ей хотелось пить. (Дама в купе: «Ах, как хочется пить!.. О, как я хочу пить!.. Боже, как я хочу пить!..» Так всю дорогу. Какой-то пассажир не выдерживает, приносит ей воды. Выпив: «О, как я хотела пить... как я хотела пить...») Так что не всякое животное после соития печально.

Забвение телом души противопоставляется *забвение душою тела*. Но можно ли говорить о симметрии — хотя бы о симметрии? «Мелодическая линия "Erbarme Dich" ("Сжалься") с успехом противостоит линии бедра Катрин Денев», — и зал кудахчет от хохота. (Читателю на самом деле хорошо знакома эта «мелодическая линия», если не по Matthäus-Passion, так по фильму «Жил певчий дрозд». Ничего, не комплексуйте, зато музыканты знают Пушкина по операм Чайковского.) Когда-то на вопрос, как отличить искусство от порнографии, лектор по марксистско-ленинской эстетике ответил тебе в частной беседе: «На произведение искусства, Такойтович, у вас стоять никогда не будет».

— Скотина какая, — смеется Виктоша. — Дурак. От настоящего-то как раз и будет.

А ведь прав Александр Александрович (его звали Александр Александрович Самоцветов), умерщвление плоти и изгнание бесов совершается благолепием: красота и пол несовместимы. Будем говорить в понятиях христианства. Да, Бог — вечная жизнь и потому абсолютное благо. Да, Сатана — смерть, косная материя. Человек — поле брани. Все соответствует (если не задавать лишних вопросов насчет того дерева в раю). Путь к спасению — умерщвление плоти, в которой гнездится дьявол, способов умерщвления плоти — миллион, включая и «одесский»: вырви глаз, описанный поздним Толстым (т.е., конечно, *умерщвление плоти* — тавтология, обличающая скрытое неверие: плоть же и так мертва, *еще* мертва, воскресение ей еще только предстоит). Путь к погибели прямо противоположен пути к спасению и, в отличие от него, однозначен. Князь тьмы (тьма — небытие) знает только один способ нас закогтить: через пол, вожделение, разражающееся торжественным оргазмом. Сие — торже ство смерти. Оргазм есть ее, смерти, прообраз, момент поглощения духа материей. В каком-то смысле стремление к этому — стремление в небытие. Скажут: инстинкт продолжения рода, продолжения жизни — какое же небытие! Но продолжение рода — движение по горизонтали, тогда как человек — вертикальный взлет. Представим себе это зрительно. Тому, кто обращен лицом вперед, вертикальное направление кажется горизонтальным, прежняя же горизонталь отныне круто ведет вниз.

Однако красота — это бессмертие на вкус, лишь на вкус. Сама по себе она смертна, ибо доступна нам лишь через переживание, в *процессе* переживания. Все дается на время (в случае музыки процесс звучания и процесс переживания синхронны). Из желания вкусить бессмертие родилась потребность в прекрасном. Но это мнимое, иллюзорное бессмертие, наркотический дурман (δργάσμος и κάναρσις понятия свалявшиеся, хотя по-гречески это не так заметно). Если оргазм — смерть на миг, то катарсис, «отделение души от тела» — бессмертие на миг. На миг, поскольку душа без тела смертна — оттого и *чаем воскресения из мертвых во плоти.* И тебе, Такомутовичу, это видится не как фигура речи, а как живое дело.

Никогда Федоров не объяснял свою антипатию к деторождению иначе, нежели потребностью устранить несправедливость в отношении умерших поколений. Несправедливо, эгоистично и крайне неблагодарно воспроизводить себя в потомстве, в то время как отцы, даровавшие нам дыхание жизни, обречены забвению. Воскресим их! На это направим все *совокупные* силы своего ума. Догоним и перегоним Всевышнего в выполнении этой задачи — похоже, Федоров боится, что Тому она не по силам. Это чисто гностический взгляд на мир: Творец оказался недостаточно искусен (или недостаточно благ — кошмар Бердяева, который, не сомневаясь в существовании Бога, отнюдь не убежден в Его доброй воле), творение само должно себя усовершенствовать. Так, в который раз, вероятно, возникает учение о Богочеловечестве. В лице Соловьева оно даже берет под свою защиту иудейский физиологизм: евреи приуготовляют Господу святые «тела». Соловьев был слишком мужчиной, чтобы не любить еврейство. И все трое — Федоров, Соловьев, Бердяев, — ничего общего не имея с «РПЦ», не порывали с ней. Не по недостатку духовной честности или гражданской смелости, равно как и не в силу родового предрассудка (Соловьев и Бердяев были заражены им в ничтожной мере), но поскольку справедливо считали православие религией национальной, а национальное — это простор, переходящий в пространство. То есть прямой путь в бессмертие, магистральный, на котором всем места хватит. По той же причине Федорову верить в Бога *надо*, таков долг перед отцами, хотя в рассуждении «философии общего дела» Бог — это утопия. Полная неуместность Бога у Федорова, принимающего на себя Его функции, очевидна.

А веришь ли ты в Бога, Такойтович? Иногда кажется... Но прежде доскажи о Федорове. Насколько он лукавит, выставляя себя верующим («почитаю Великий Пяток»), настолько же он кривит душою в вопросе деторождения. Не потому он предпочитает предков потомкам, что, в отличие от первых, последним мы ничем не обязаны. Наполнять космос можно и теми, кто еще не родился, и теми, кто уже свое отжил. Им нечего делить. На бескрайних просторах севера (оговорка по Фрейду — космоса) бесчисленные поколения вполне могут слиться в общем хоре, прославляющем ну не Бога, так свое братство (картина на самом деле не столь безотрадно-хоровая — можно ведь затеять и великую игру). Для Федорова, хотя прямо он ничего такого и не говорит, неприемлем *способ* деторождения. Он хотел бы остановить эту оргию, а взамен заняться воскрешением умерших. Семя долой!..

Пытаясь набросать отдаленное будущее парой штришков (а детальней нельзя, почти ничего не проступает), начать ты должен с того, что оно никакое не будущее, оно будущее только для нас. С *заменой энергоносителя,* который расходовать нам осталось гораздо меньше даже, чем израсходовано от лета Господня и досель, временные формы сохраняются только в грамматике (грамматика сохраняется). Голубой планете быть в центре мироздания и вовсе считанные века. Земля прохудится в результате всех наших стартов, и тогда придется стартовать раз и навсегда («навсегда» утратит смысл с заменой «энергоносителя»). Одно лишь неясно: дальнейшим формам жизни — а это уже будут исключительно *осознающие себя* формы жизни — предстоит сменяться столь же драматически, как это происходит «на стадии человека», или с победой разума все примет иной характер?

Собственно, ничего больше не знаешь, кроме того, что если жизнь растекается по вселенной — значит, это кому-нибудь нужно. Причины этой нужды откроются лишь с упразднением самой причинности, что неизбежно, когда из ноосферы (скажем так) будет выпущено время. Другими словами, откроется только то, чему нечего открывать. Вообще, писать на эту тему, не впадая в кликушество и не выпадая в научную фантастику, очень сложно.

Итак, высшая гармония, «Гармония мира», видится тебе в равенстве потенциально-бесконечного пространства количеству оплодотворений всех ♀ всеми ♂ во всех возможных комбинациях — также и в бывшем прошлом, с учетом обретения законами природы «обратной силы». Конечно, это как-то еще туманно: существование разумных форм жизни, ведущих свой генезис от человека.

Но, как говаривал старец Зосима, «буди, буди». Да поверит читатель, взгляд циничного шарлатана, каковым, помимо прочего, является Такойтович, пронзительней фонарика минипусенького специалиста, видящего с гулькин нос. Потому так бесишься, когда читаешь: «Ангелы — не комары, их не хватит на всех». Это ангелов-то?! Которых и на острие иглы не счесть?!

К вопросу вопросов — о существовании Бога и о самом Существе Его — что можно сказать после всего сказанного? Что, поедая дольки апельсина, мы съедаем апельсин. Вопрос вопросов не требует ответа уже по определению — будучи суммой вопросов, каждый из которых ждет своего решения. И дождется. После чего окажется, что не Бога нет — нет такого вопроса. Как же можно отвечать на несуществующий вопрос?

А то вдруг все представляется «изошуткой»: на первый взгляд, фигура — руки, ноги, голова. Но когда повнимательней присмотришься, видишь: это некий муравейник, мириады человечков, заполнив картинку с краев, очертили собою пустое место в форме этакого Гулливера или Кинг-Конга, словно возлежащего в окружении черных песчинок. Но откуда тогда берется это «Бойся!», предостерегающее тебя денно и нощно? Страх Господень откуда, коли все это лишь пустота, ну, может быть, вакансия... Твое «Бойся!» — не страх посмертного воздаяния, кристаллизующийся в специально воздвигнутых с этой целью прехорошеньких градирнях — предбанничках загробной жизни, разбросанных по всей земле. Такомутовичу неведом этот страх, Такойтович отвергает посмертное воздаяние. Сам напортачил, а Такоготовича наказывать? Нет уж, пусть Себя наказывает. Впрочем, так оно, судя по всему, и происходит, иначе не было бы «проклятых» вопросов.

Приятней всего беззаботно верить в Бога, беззаботно утверждать, что человек наделен свободной волей, любоваться при этом порталами церквей и фресками итальянского Кватроченто. И под музыку, непременно под музыку. Некоего композитора, прожившего мафусаилов век (род. 1685 — ум. 1827). Это называется «красиво жить не запретишь». Вот бы очутиться среди этих счастливцев! Очевидно, счастью действительно мешает знание добра и зла.

Зато конкретный ближайший шаг к физическому и биологическому переустройству мира ясен: физиологическая эмансипация женщины. Социально-правовая уже совершилась — насколько таковая возможна при сохранении библейского проклятия «рожать в болезни». Но вот-вот в наших силах будет отвратить и само проклятие — довести зародыш до состояния человеческого младенца без того, чтобы «брать напрокат» мать. И сопротивляйся, не сопротивляйся, потрясая хоть Хаксли, хоть Библией, это все равно «в плане», природа не терпит нереализованных возможностей. Это будет непосредственным шагом к тому, чтобы самим себя начать избавлять от наказания, которое навлекли на свое потомство Адам и Ева; и это будет первым шагом во исполнение того, что посулил Еве змий: станете как боги.

Вянут уши? И реки вспять обращали, и полмира отравили, и социальную революцию устраивали. Не получилось — тогда примемся за биологические эксперименты, авось эдак получится себя окончательно прикончить.

Думайте что хотите, а деваться некуда. Чем кардинальней бывали попытки до сих пор сделать землю небом, тем большими катастрофами они оборачивались, хоть тектонический сдвиг в микрон (в нужном направлении) все же происходил — при том, что расстояние требуется пройти, может быть, в миллионы световых лет. И реакция на это «справа», сколь бы беспощадной она ни была, в сравнении с теми бедами, что несет с собою очередная вспышка гностической активности, кажется детским лепетом — по крайней мере, тем, кто испытал последнюю на собственной шкуре. Все так. Тем не менее мир будут переделывать и впредь, с минимальными успехами при максимальных издержках. *Деваться некуда.*

Если завтра где-нибудь в калифорнийской лаборатории (или на другом каком-то островке будущего) будет выведен гомункулус, черненький, беленький, желтенький, вполне здоровенький, и вручен своим сверкающим голливудскими улыбками родителям, прилетевшим за ним из Гонолулу, — а не завтра, так послезавтра это произойдет, — то на первых порах никаких чудес за этим не последует. Ну, вознегодуют «зеленые» всего мира, от ирландских католиков до иранских мулл, фонетикой обреченных брести где-то с вьючными животными. Китай попросит поделиться технологией — чему категорически воспротивится Конгресс на том основании, что в Китае это повлечет за собою массовые нарушения прав человека, ведь не секрет, зачем им это надо: людям запретят заводить детей иначе как вышеуказанным способом, что даст возможность установить наконец полный контроль над рождаемостью.

Пока китайцы корпели над созданием собственной технологии, представительницы белой расы увидали, что в лабораторных условиях дети получаются ничуть не хуже, чем в домашних. «И ты понимаешь, Манечка, даже риска меньше, не говоря об остальном. Так что, по-моему, глупо не пользоваться благами цивилизации». Разумеется, не обойдется без «экологических» демаршей. Вновь объявятся желающие рожать самолично — в надежде разрешить свои какие-то проблемы. Их поддержат психологи, возникнет соответствующая литература. «Собственных детей рожать собственными чреслами!» или просто «Мама-а-а...» —

легко представить себе такие лозунги на собраниях последних феминисток, которые, борясь за права женщин, — вероятно, это будет называться «за право женщины остаться женщиной» — окажутся повернутыми лицом к домострою.

Неизбежное зло, перестав быть неизбежным, перестает быть злом. Почему ты это постоянно твердишь? Да потому, что так действительно всегда и во всем. Избавившись от тяготевшего над нею проклятия — рожать в муках, женщина (какая-то их часть) поспешит представить беременность благословением, главной отрадой и в конце концов главным преимуществом своего пола. Мы им не верим. На заявлениях этих оставшихся без работы феминисток будет лежать печать социального эстетства: пахать подано, ваше сиятельство.

Подумать только, чем ты занимаешься — подбираешь аргументы для какого-нибудь телевизионного диспута. Одни будут говорить: «Глупо, Манечка...», а другие им возражать как бы устами младенца: «Мама-а-а...» Но когда еще произойдет этот диспут? Однако если б чудом ты мог переговорить с кем-то из его участников, то не стал бы, конечно, справляться, когда и как умер, не сильно ли мучился. Страшно: а вдруг твое имя им ничего не говорит?

Правило, что неизбежное зло, перестав быть неизбежным, перестает быть злом, справедливо, но лишь в эстетической плоскости (приводить примеры, ей-богу, недосуг). А вот как обстоит дело в ситуации прямопротивоположной? Как быть с «неизбежным удовольствием», сопутствующим греху? В викторианское время, в викторианской стране и в викторианской подворотне о сладострастных действиях, обозначаемых нецензурным глаголом (или о нецензурном глаголе, обозначающем сладострастные действия) дети дошкольного и раннего школьного возраста узнавали тогда же, когда узнавали, что подлинной капустной грядкой является тетин живот. Однако связи между тем и другим не усматривали — взгляд, который отныне предстоит усвоить и взрослым. Бог весть, чем это обернется в третьем-четвертом поколении (в рассуждении полового инстинкта), во всяком случае, такая — психологическая — унификация пола вряд ли способствует росту чувственности. Знай Федоров, что в итоге биологических изысканий женщина перестанет быть сосудом греха, бедро Катрин Денев перестанет быть резиденцией сатаны, он бы, пожалуй, дал добро на заселение вселенной не только отцами, но и детьми, зачатыми безгрешно и рожденными бескровно.

Но пока это не совершилось, и как наркоману всего милей его грех, а разговоры о пагубных последствиях ему «по уху», так же и человечеству мил его грех, и расставаться с ним оно не хочет (ну и не надо, само собой получится, половой инстинкт ослабеет за ненадобностью, а там, глядишь, как в анекдоте: «Доктор, только не режьте». — «А вы, больной, станьте на стульчик, теперь спрыгните, видите, сам отвалился»). Борьба в человеке двух жизненных формаций — согласно традиции, борьба за человека между Господом и Дьяволом — имеет следствием существование двух типов характера и соответственно двух социальных тенденций, одной бунтующей, другой охранительной. Говоря о еврейской предрасположенности к фашизму, имеешь в виду особую телесную закваску, освящение материального мира — все то, что давно стало общим местом в описании твоего, Такойтович, соплеменника как антисемитами, так и жидолюбами: семейственность, трезвость, родительские доблести, абсолютная замкнутость на свое племя, абсолютная замкнутость этого племени на своего Бога и т.д. Вопреки расхожему представлению, евреи — нация крайне правой ориентации. Даже вовлеченному в русский гностический бунт еврейству удалось сохранить свою «линеарную» сущность (голосоведенческую, горизонтальную). Материалистическое, антирелигиозное сознание советского еврея-технократа этому подтверждение (охотнорядцы с крестиками убеждены, что атеисты-евреи осознанно натравливают таким образом своего злобного демиурга на русского Христа). И уж понятно, что никогда, ни при каких обстоятельствах еврейство не стало бы посягать на институт брака, пускай и бежало в первых рядах большевистского воинства, уже вполне готового отменить и этот вид частной собственности.

Признайся, эта тема тебя волнует. Тут есть неясность, касающаяся тебя лично. Ты не видишь еврейству, с учетом его специфики, места на твоей карте счастливого будущего — этого прекрасного нового мира, куда все должны попасть и, следовательно, евреи тоже. Фашизм у тебя, в противовес гностической вертикали, это метафора привязанности к телу в его временно́м непресуществленном бытии. Это могло бы быть даже его определением, наряду с тем, что уже давалось ранее: «Фашизм — это почитание совокупляющихся мужчины и женщины как абсолютной святыни, при том, что их акт есть наш акт и они сливаются с нашим "Я"» (начало книги «Фашизм и наоборот»). Зачем же тогда *было* еврейство, какой смысл было себя блюсти — или оно один из рукавов лабиринта, никуда не ведущий? Как быть с обещанием, что Израиль спасется весь, — что́ это, злая шутка демиурга, тогда как Израиль единственный из народов, что, храня ему верность, погибнет вместе с ним? И прав, выходит, Вейнингер, считавший признаком еврейской исключительности отсутствие души и с горя пустивший себе пулю в лоб?

Ах, ты кокетничаешь, в отличие от Бердяева, и впрямь опасавшегося, что Бог — всего лишь злобный демиург. Ты не сомневаешься: Израиль спасется весь и в первую голову. Да и что такое

«Израиль», как не боровшийся с Богом! Нет, тебя не пугает перспектива оказаться обманутым — ни в качестве еврея, ни в качестве человека. Твой страх — то, что денно и нощно, во сне и наяву ты *боишься*, — питает твою отвагу. Можно сказать, раскормил.

Он посмотрел на Виктошу. Отрицать любовь ему, перенесшему ее в столь острой форме, было бы нелепо. Как же объяснить это чувство в свете уже сказанного — отнести его к явлениям «фашизма» или «наоборот»? Что *любовь бывает только платоническая, остальное — вавилонская блудница*, было ясно всегда, по крайней мере тебе. Юношеская влюбленность, тайная любовь калеки, рыцарское, не оскверненное задней мыслью, поклонение бойца с седою головой — катарсический, возвышенный, даже религиозный характер этого чувства бесспорен, сколь бесспорна и его нешуточность. Тем не менее любовь пленена полом и, хотя в момент первых излияний исполнена корявой нежности (Ерошка — бабочка), исходит слезами умиления, скорей унимающими подлый зуд, нежели наоборот, это — ловушка. При такой телесной сопряженности дьявол не может долго оставаться невостребованным, и вот... В общем, неясно, любовь — союзник Бога или Дьявола в их схватке.

Твой взгляд на это с годами претерпел изменения, многие твои взгляды с годами, наверное, так или иначе менялись, хотя традиционней и не становились, просто теряли свою экстравагантность. Образчик таковой? Кто-то долго симпатизировал гомосексуализму, его творческая благотворность подтверждалась массой примеров, но главное — он бросал вызов гетеросексуальному совокуплению, т.е. бил в самое яблочко зла. То-то фашистские режимы (и души) не терпят полового отступничества. Позднее понял: не прав, половое извращение ведет к гипертрофии полового чувства. Зато с любовью все иначе, только сейчас (признайся в этом) тебе стало ясно, что любовь — это не Люба, партизанка, действующая по заданию низа в небесных селениях. Ты ведь как считал: функция любви — пудрить грязь, что все равно нереально, ибо уже раз переспать с возлюбленной — заспать любовь. Следовательно, если б с Наташей ты тогда «улегся у коечку», влюбленность всю как рукой бы сняло. Иди знай, этого не проверишь, отгремела Наташа, утопилась... Знаешь, однако, другое: а все же любовь не от лукавого, скорей, это защитная реакция духа, его санитарный кордон. Вечная женственность — атрибут гностического, а не фашистского сознания. Но только смирившегося с непобедимостью времени, не бунтарского. Ты осознал это не раньше, чем понял природу ревности. *Сестра моя, невеста.* Ты открыл ей свой позор, свой срам. Она — исповедница твоего греха. Искупающая его своей телесностью, берущая его на себя. Вы оба под паранджою. «У меня всегда было странное чувство неловкости, когда я смотрел на мужа и жену, как будто я подсмотрел что-то, что мне не следует знать». И вдруг под паранджою завелся третий, лазутчик. Твоя тайна разгадана. Это все твоя невеста, твоя сестра... Что она наделала! Она выдала тебя, выдала вас. Отныне осквернены вы оба, это безвозвратно. Конечно, можно сказать, что «в ревности есть инстинкт собственности и господства, но в состоянии унижения» (Бердяев). Или что страдание, вызванное понижением самооценки, зовется ревностью (Виктоша). Но тогда оборотной стороной ревности предстает (не только у Виктоши, но и у Бердяева) самодовольство самца. Ревность — парная категория, и, выходит, вот с чем она в паре, отнюдь не с любовью. Так послушайте, послушайте же Такоготовича. Ревность — проявление в человеке божественного, одна из прерогатив Бога, быть может, раньше всего отвоеванная человеком. Это отражено даже, если угодно, в законодательствах всего мира: преступление, совершенное из ревности встречает сочувствие суда... Судьи знают: и без того дух казнится ревностью, сокрушаясь о заведомо невозможном — об иллюзорной поддержке «низа», которой в реальности нет и не было. Ревность — это по большому счету зависть высшей формы бытия к низшей (при заведомой неспособности первой на самопредательство), Бога — к человеку, человека — к зверю. Неудивительно, что «на стадии человека» ревность носит половой характер.

«Фашизм и наоборот», писавшийся с большим скрипом (зверски скрипучим пером), субъективно не был женоненавистнической вещью, но объективно так получалось. Чего стоит высказывание, что «женщина не может быть феминисткой по определению: женщина-бабница есть явление патологическое также и в политике». Расщепление человечества на мужской и женский пол действительно есть чудовищная несправедливость, то самое «безобразье в природе», благодаря которому вдвое уменьшается духовный и творческий потенциал рода человеческого. Но для женщины-то как раз это и непостижимо. «Женщина не в силах понять, что истинная причина той чудовищной несправедливости, примерами которой она угощает вас как радушная хозяйка, в ней самой, в безобразии ее состава. Понять это может только мужчина, от сотворения мира он — феминист, понять и помочь». В те годы шел американский фильм «Пожнешь бурю» («Inherit the Wind» by Stenley Kramer), мы же как сумасшедшие бегали тогда в кино. И вот там великий американский гуманист и адвокат Генри Драмонд с величайшим пафосом восклицает: «Мадам, вы требуете избирательного права для женщин? Прекрасно! Но в таком случае вы навсегда лишитесь права прятаться за свою пуховку». Так и просилось: прекрасно, но в таком случае вы лишитесь своих материнских прав. А еще несколькими строками ниже читатель мог бы прочесть следующее: «Если мужчин можно делить на фашистов и антифашистов, то к женщинам это определение неприменимо. Они сам фашизм».

УЛИЦА КРАСАВИЦА, УЛИЦА УМНИЦА, УЛИЦА ВОЛНУЕТСЯ

Очередной штурм небес, очередное восстание ангелов — все это позади. Неполное соответствие — а послушать наших кухонных мужичков, так полное несоответствие — того, за что боролись, тому, на что напоролись, вынуждает искать пути отступления. Вернее, формы отступления, потому как пути

    Лесенкой

          ведут

              в

                бездну —

применялась тактика сожженных мостов. Значит, поиск формы. *Формализм есть концентрированное самовыражение* (цитата из Такоготовича, чье имя безвестно, чье учение всесильно). Позднее возможен откат, но не до прежней отметки: на поверхности осядет взметнувшийся к звездам столб пыли.

И снова наступит мордастое время, недостойное прозываться «эпохой»: эпохой был безогляд-

ный рывок в утопию через крушение и слом
тысячелетиями возводившихся вокруг ракеты
лесов. Когда ракета взмывала, полыхали зарни-
цы, гремела на прощание «Славянка» и восторг
искупал зло, в которое нам обходится ложь...
или не искупал, на сей счет мнения разделились.
Кто-то продолжает настаивать на том, что искупал, что пик революционных преобразований,
пришедшихся на пору молодости твоего орга-
низма, прободал-таки скорлупу небес и мы про-
клюнулись из своего яйца, из своего белка, из
своего углевода... и в своем гордом богоравен-
стве на миг, в великом своем прорыве ощутили,
что значит превращение человеческой пыли в
звездную... и пусть говорят о предпринявших
рывок в утопию как о робеспьерах от биологии...

Анно Аркадиевичевно пересекало площадь
Урицкого. Столько места, а разминуться со слу-
чайной машиной непросто. Куда Анно Аркадиевичевно, туда и машина. Красавец-город ночью
умывался на дворе, а вытереться насухо не ус-
пел. Поэтому шофера́ объезжают не отмеченные
на карте пруды, а Анно Аркадиевичевну чудятся
всадники Апокалипсиса, гоняющиеся по пус-
тынному городу за одиноким пожилым пешеходом. «Были когда-то и мы рысаками», — вздыхает Анно Аркадиевичевно.

Каникулы на носу. Поправило очки и посмотрело на исторический полип о двух ци-
ферблатах — сидевший глубоко в ноздре Главного Штаба. По утрам часы от тебя слева. Оттого
они спешат: на обгон идут только слева. Но когда под вечер зришь обрамленного аркой Медно-

го Змия и циферблат оказывается справа, то отставание стрелок не просто закономерно, оно оправдано: куда тебе торопиться после лекций? Нет-нет, общественные законы действуют как часы.

Анно Аркадиевичевно еще хорошо помнило серую фигуру с крестом на пятидесятиметровой колонне. Потом серого ангела сменило огненное S Медного Змия, прямоходящего, не пресмыкающегося во прахе — олицетворением знания, гностического переустройства мира. Вакуум пролетевших лет индивидуум прозревает до самого донышка, где на манер калейдоскопа вращается зеркальце памяти, преображая цветную крошку в чудо-узор. В миф о потерянном рае.

А само-то в ботиках, с трудом вмещающих раздувшиеся ноги. С трудом переставляемые. С портфелем. На ромбовидной дарственной бляшке с поэтически загнутым уголком выгравировано: «Дорогому Анно Аркадиевичевну от преподавательского коллектива кафедры научного сексуализма РГГУ в сороковую годовщину Великой Сексуальной Революции».

Цветные сны чужой старости не заменит ни черно-белая муть уцелевшей кинохроники, ни подкрашенный заварочкой нынешний застой. Анно Аркадиевичевно помнит братание полов, помнит восторженные толпы чающих бессмертия, когда, словно под дудочку факира, змий вытягивался вертикально; когда на гигантском клюве, с которого срывается в небеса конная статуя, торжественно высекли: «Царь змеи раздавить не сумел, и прижатая стала наш идол». Из громкоговорителей беспрерывным потоком лилось:

«...Поручить Академии наук в кратчайшие сроки подготовить реформу русского языка в свете свершившейся биологической революции...»

«Человек — это звучит гордо только в среднем роде».

«...Слово предоставляется внеполовому Бойко: "Мы считаем, что внеполовое воспитание учащихся поставлено из рук вон плохо. Мы требуем перейти от слов к делу"...»

«...Василеостровская секция постановила: упразднить буквенную символику в местах общего пользования, как унижающую честь и достоинство человека. Время *мадам* и *жентельменов* навсегда кануло в прошлое...»

«...Пол — это торжество смерти. Равнополые! Положим конец многополовому укладу...»

Говорит да приговаривает — да топорами приколачивает. Кругом лозунги: «Пол — это смерть!», «Оковы биологического рабства на свалку истории», «Мир яйцеклетки мы разрушим», «Кто был ничем, тот встанет в семь», «Даешь физиологическую эмансипацию женщины!». А то и просто: «Нарожались!»

Что с того, что придет похмелье, что будут смотреть друг на друга в немом изумлении: как это мы дошли до жизни такой? Улица красавица, улица умница, улица волнуется. Блажен, кто посетил нашу улицу в минуты ее праздника.

А Анно Аркадиевичевно посетило.

Сейчас прямоходящей гусеницей оно показалось из-под арки, добрело отросточком Герцена до угла и остановилось: с противоположного угла на него смотрело трехметровое женское лицо, по щеке, от носа к уху, бежала фигурка в шинели и папахе — с известием, что мы все умрем на той Гражданской. С четверга в ДК им. Первой Транссексуализации шли «Горящие мосты». Анно Аркадиевичевно в кино не ходит, а на эту картину и подавно не пойдет. По словам Хабное, видевшего ее, там смакуют пережитки так, что силушек никаких. Прежде в фильмах «заветные разговорчики» вел какой-нибудь несознательный элемент и тем закавычивал их. А то в уста фактурного комического персонажа вкладывалась антисексуальная клубничка — ну, покуражатся потом мещане, похихикают. Теперь мораль пала. Под видом борьбы за светлые идеалы сексуальной революции подается неслыханное. Вспомнили чуть ли не о миллионах рассексуаленных в годы транссексуализации: мужик, дескать, уперся рогом, не пойдет он, видите ли, в транссексуалы. Ну да, был темный люд, своей выгоды не понимал, это известно. Но почему это должно вызывать сочувствие? А в конце фильма один из бывших «двадцатипятитысячников», уже в наши дни, постаревший, от его лица и ведется рассказ, прямо заявляет: «Может, оно все и верно было, да крепко нам это в войну отозвалось. Без яиц-то как воевать». И все в зале хлопают. С тех пор Анно Аркадиевичевно зареклось бывать в кино, пусть Хабное с Питино таскаются и охают потом.

Бывшие Кулинарные курсы им. Бестужева К.Н. За решеткой сидит Грибоедов, доставленный сюда с Семеновского плаца. В чугунную его десницу кем-то вложена пустая поллитра. На дверях горящая синью небес медная скрижалька: «Российский Государственный Гастрономический Университет» и эмблема — курица на блюде вверх ножками. Девиз:

Красота — это бессмертие на вкус.
Такойтович

Еще не было шести, еще сонная радиотарелка мерно щелкала семечки, а охрана в лице Кудельково уже впускала Анно Аркадиевичевна. Изо дня в день повторялся один и тот же диалог:

— Здрастыти. А еще вроде и транспорт-то не ходит...

— А мы пешедралом, равнополое Куделько-во. Летом можно вставать и чуть пораньше.

Кудельково с уважением посмотрело взад этой избушке на слоновых ножках: «Все знает... и как твое фамилие... все-все... не то что молодые... эх, старость не радость... не спится няням...» — и зевок во всю пасть. После чего свернулось на собачьей своей подстилке: назад, в сладкую утреннюю дрему. А Анно Аркадиевичевно минут десять еще поднималось на третий этаж. Там оно открыло дверь, в отличие от других обитую коричневым дерматином и запиравшуюся на французский ключ с синей бородкой — чтоб не спутать. На двери была табличка из плексигласа: «Зав. кафедрой научного сексуализма доц. Домини А.А.».

Мойка, мутная, ржавая, — под окном. Грязно-серый гранит, проросший травкой. Не воспроизводимый по памяти узор перил. Выходное отверстие ДК было со стороны набережной. На эту кучу народа, извергаемую после сеанса, Анно Аркадиевичевно всегда брезговало смотреть: только что на экране им показывали мужчину и женщину.

Оно вздохнуло (оно частенько вздыхало), извлекло из портфеля учебные планы, исписанные без единой помарки, словно рукой водило не ведающее сомнений безумие. В другом отделении портфеля были экзаменационные билеты, имито Анно Аркадиевичевно сейчас и займется. Радио как раз прорвало «Союзнерушимым», и по проспекту имени Двадцать Пятого Октября со скрежетом зубовным проехал первый трамвай. На скамье для инвалидов с детьми сидело предподростковое в панаме, с туристским рюкзаком вместо крылышек — но с воздушным змеем на коленях — и все никак не могло налюбоваться на счастливый трамвайный билетик.

ДАЧНОЕ

Это в поле уборочная страда да в вузах экзаменационная пора, а школы уже давно на каникулах,

И русых головок на речке полдневной
Как белых грибов на опушке лесной.

Там же, на речке, и вспученные спасательные круги автопокрышек — а также сачки, мячики, змеи небесные. Предвестием этого был райский трамвайный билетик.

Лето красное поющих без оглядки стрекоз, ты приходишь ежегодно! Сладко обмирает по тебе память в дебрях декабрей, путаясь хронологически,

В какое лето было это,
А в какое было то,

каникулярные месяцы обладали сходством клонированных поколений. Летом родитель регулярно сплавляет свое чадо своему родителю. А чада чад наших это уже проценты с капитала.

Самый цимес, как говорят гурманы с кофейным родимым пятном вполчерепа.

С родимым Юлюш простилось на остановке: Марио Елизаветовичевну было в утреннюю смену. Ничего, прекрасно само село на электричку, прокричав в окошечко пригородной кассы, волнуясь и сглатывая слюну: «Детский!.. Третья зона!..» Словно кассир глухое. Взрослые смотрели с симпатией на самостоятельного ребенка, но почему-то не все. А в Дачном Юльку уже встречали.

— Поворотись-ка заинька, экое ты смешное какое! — Елизавет Викториевичевно, за отсутствием иных радостей в жизни запойно читавшее, изъяснялось, как оперное диво, сплошь цикадами, приобщая этим Юльку к литературе. За лето Юльке прививалось больше, чем за год школы.

— Бабо-баобабо, пусти! — юлило чадо в плотских объятиях прародителя, ластясь на самом деле к нему, еще не наскучившему, еще любимому. — Ну, дедо-пердедо...

— А я тебя и не держу, иди... А, не хочешь! Иди искать по белу свету, где оскорбленному есть дают котлету... Знаешь, каких котлет я нажарило с утра, еще свеженькие...

«По белу свету...» Юльке стало интересно: а что Светик Белоу, с соседской дачи, здесь или нет?

— Настик здесь, а Светика нет. Светик на Черном море. Выступает.

«Светик ходит в специальную школу для юных дарований при РГГУ. Светик — юное дарование. В этом году уже, правда, не такое юное: четырнадцать лет».

— Счастливое...

— Ну, что такое счастье, это каждый понимает по-своему. «Ласточка» — это как, по-твоему, счастье или нет?

Оказывается, Юльке куплена «Ласточка». Подростковый. И это хранилось в тайне.

— Вау!

За исключением одного, все дети были старые, прошлогодние. Юльке самостоятельность прибавила очков: не каждого в одиннадцать лет отпустят на электричке, с рюкзаком.

Ничего не изменилось (иллюзия, на которую все возрасты падки). Синий почтовый ящик, обклеенный названиями газет. На поперечном бруске ворот неряшливо наляпанное кистью: «Дачная 32, Е. Горобец». Горобец — это «воробей» по-украински. (Сразу после революции фамилии менялись на иностранные, на худой конец, менялись окончания: Гурченков превращался в Гурченко. Но чаще какая-нибудь Демина становилась Демини или Домини). Юлька всем объясняет, что на самом деле его фамилия «Воробей». Однажды на переменке какой-то верзила вдруг сказало: «А ты чего, Воробьихино, смотришь? Катись, сучок». От неожиданности у Юльки задрожали губы. Все расхохотались. Юлька в рев, так и не понимая, что такого сделало. Но впредь уже от каких-либо объяснений воздерживалось.

Теперь на год повзрослевшее Юлио Горобец не снисходило до окружающих: пусть сперва окружающие посмотрят на него. «Ласточка» стояла в сарае еще как сыр в масле не катанная. Хотелось тут же вскочить.

— Погоди, раму оботру хоть, экое нетерпеливое какое.

Юлька сделало на «Ласточке» круг почета — по участку.

— Ну, сила!

— Аккуратно, смотри!

Ищи ветра...

Только у одного человека был педик со свободным ходом. У новенького. «Орленок». Звали новенького тоже по-революционному: Павкой. Покосившись друг на дружкины велосипеды, Юлька с Павкой заключили пакт о взаимоненападении. Настик завистливым хомячком смотрело в их сторону: ему-то нечем было похвастаться, кроме открытки от Светика.

«Гурзуф, государственный русский драматический театр им. Такоготовичевского Полсомола» — стояло на обороте открытки, запечатлевшей античный новодел. «Дорогие мои любимые, — писало юное дарование, стараясь быть взрослым, — позади первое выступление. Испекли такой каравай, что хочешь не хочешь, а поешь. Декада проходит в напряженном ритме. Готовим сюрприз. Какой, узнаете, когда приеду. Скажу только, что на него ушло пять кило изюма (сабзы). Московскую ЦКШ мы оставили с носом. Их выступление называлось «Первый блин комом». Так оно и вышло. А то хвост распустили: Центральная Кулинарная Школа при РККА. Да наш Гастрономический их РККА за пояс заткнет. От Светика с приветиком».

Ни на «Орленка», ни на «Ласточку» открытка не произвела должного впечатления. Дети жестоки: Настику не дали покататься на велике со свободным ходом (когда «педик» превратился во что-то другое, стали говорить «велик»).

Раз Юлико врезалось в стенку дачнинского ДК, сезонного помещения, на зиму приостанавливавшего культурную деятельность. На полном ходу, с горки... Они с «Ласточкой» разлетелись в разные стороны. Нос, локоть, колено прошли боевое крещение. «Ласточка» сгоряча не почувствовала боли, но при повторном осмотре Павкин диагноз был пугающе краток:

— Восьмерка. — Насмешливо: — Бухгалтер-счетовод по воронам?

Ощутимо приложившись сразу тремя местами к «дому кино», Юлька жалобно всхлипывало: и от боли, и от обиды, что предстояло на глазах у всех катить новенькую «Ласточку», передним колесом исполнявшую танец живота. Вороны, конечно, ни при чем — виною торт «Мечта». Сладко в мечтах водить Такоготовича на экскурсию в сегодняшний день.

— Сказка стала былью, половое разделение общества кануло в прошлое. До революции нормально было спросить: «Женщина, вы на следующей сходите?» Или: «Мужчина, не угостите сигареткой?» Сегодня мы все равнополые. Равнополое Горобец. Или просто Елизавет Викториевичевно. С открытием ДНК мы вышли на финишную прямую бессмертия. Самые смелые свои мечты можете теперь позабыть. Я вам скажу одну вещь, только не упадите (оба неслись на велосипедах, Такойтович на «Орленке», Юлька на «Ласточке»). Больше не нужно этого... как его... ну, по истории семьи... оплодотворения яйцеклетки, чтобы появлялись на свет люди. Когда вы создавали свой гениальный труд, разве могли вы предположить, что люди будут рождаться, например, из зубов. Или из ногтей. Да из чего угодно, из любых клеток. Подлинная история человечества только начинается, до этого была история двух его половин — сокращенно полов. Один пол сексуально угнетал другой с целью выведения потомства. Поэтому говорилось: «слабый пол», «сильный пол». Но народ восстал, вооруженный вашим передовым учением, и обессексуалил себя. Все как вы предначертали. Дети посещают районные кулинарные школы, некоторые даже специальные. Полный распад семьи. Есть дети, есть родители, а семьи нет. Красиво? Нет главного рычага биологического угнетения человека человеком. Если раньше говорилось: «родила кому-то» — у Пушкина, у всех, — то теперь каждый делает себе все сам. Без посторонней помощи и без отрыва от производства. Вы у меня любимый предмет, у меня по «семье» пятерка. А когда я вырасту...

Изготовленный на фабрике Юлькиных грез Такойтович так и не узнает, что тогда. Пятерка по истории обернулась восьмеркой переднего колеса.

...И БУДЕТЕ ВСЮ ЖИЗНЬ ЕХАТЬ ПО СЧАСТЛИВОМУ БИЛЕТИКУ. СПАСИБО, Я ЛУЧШЕ ЗАЙЦЕМ

Такое бывало. Как-то в классе седьмом Колян, всегда кудлатое, губастое, чуть заикающееся, но ужасное «симпатико», получило у Сираго (история математики) четверку с минусом.

— Ба-азилио Серафимовишно, — Коля разглядывало свою работу этаким озадаченным пупсом, — а Базилио Серафимовишно? А за что четверка-то?

Сираго было с юмором.

— А сколько ты хочешь, Николь? Хочешь восьмерку?

— Х... хочу... — и получило восьмерку. В классном журнале действительно стояло «8».

Преданья старины далекой. Когда историю будущего принимает такая ведьма, как Домини, и четверочка бы сгодилась.

Не одно Анно Аркадиевичевно волховало в этот час над экзаменационными билетами — положительно над тем же златом чахло пол-общежития РГГУ. В больнице Кащенко, на которую смотрели бессонные окна студенческого общежития, уже начинала брезжить жизнь, а третий курс приготовительного факультета все еще бормашиной что-то зубрил — типа есть ли жизнь на Марсе.

— Коль, а вот это у тебя было? Тринадцатый билет...

— А что в нем? Эй, козлятушки? Колян?

— П... п... планирование семьи, как предпосылка ее распада. Это ко... ко... когда женщина уже перестала быть исключительно родильным автоматом. Цвайкиндерсистем.

— Вытащу тринадцать, точно завалю.

— Офигенная тема, Митёк, ты чего? Переход от цвайкиндерсистем к цвайфамилиенсистем. Домино ее обожает. Забьешь козла, это я тебе гарантирую.

— Православные, а вот девятый, про суккуба и инкуба...

— Имплантация зародыша, ядрена макарона... «теория инкубатора»...

— Само ты инкубатор, блин... Митрич, кончай, потом само же и пить будешь. Суккуб и инкуб — это когда верхи не могут, низы не хотят. Построение бесполого общества в отдельно взятом государстве. Пиши. Предпосылки сексуальной революции. Раз. Небывалый рост женщин, занятых в сфере физических услуг. Типа там прокладки разные, строительство метро и тэпэ. Сослаться на гениальную работу Такоготовича «Женский труд, или Особенности национальной охоты на мамонта». Два. Вытеснение женщины-матери мужичкой-бобылкой. Рост пьянства у мужиков. Мужчин, в смысле. Три. Приток высокоразвитых женских кадров в управленческий менеджмент. Четыре. Демографическая катастрофа перед лицом растущей сексуальной пассионарности на краю ойкумены. Пять. Стихийный атеизм масс как мощный стимулятор сексуальной революции. Переход на Чернышевского.

— Пишу «на "Чернышевскую"»... Я совсем уже охренело.

— А сколько их там, этих предпосылок?

— Да за**ешься писать.

— Нет, равнополые, я вырубилось. Перед смертью не надышишься, как говорил мой прародитель, когда ему давали кислородную подушку.

— Хо... хо... хороши шу... уточки

— Погоди, а вот здесь: «Деформация женской психики в условиях биологического рабства».

— Ой, это же мое сочинение в одиннадцатом классе. Какой это билетик?

Ответа не последовало (вопрос тоже не повторился). Словно погруженные в гипнотический сон, они напоминали буквы неведомого алфавита, а вместе — не поддающуюся расшифровке аббревиатуру. Будущие повара экстра-класса, которым предстояло на международных «кухмейстершафтах» защищать кулинарную честь своей родины. «БТР — всем поварятам пример» было написано на кавээновских майках РГГУ. Действительно, в какие только аббревиатуры жизнь не вдыхает самое себя! И вот уже они наливаются соками осмысленности, порой претендуя, как и мы, на бессмертие: РГГУ... Или РККА — позывные Российской кулинарно-кондитерской академии, флагмана национальной нашей кухни. Если французская кухня разделила судьбу французского языка, заняв почетное место среди исторических манекенов, если «юнайтед колорс оф хамбургер», имея епархию вполмира, на другую половину не могли рассчитывать, то повсеместное вытеснение «пиццерий» и разных «пекингов» «русскими бистро» и «сибириен-тортелини» есть всецело достижение русской сексуальной революции.

> Обжорство свыше нам дано,
> Замена сексу нам оно.

(В оригинале даже не сексу, а непечатно.) Двустишие приписывается Виктоше, весьма загадочному персонажу наших священных текстов. Да и сам Такойтович — личность скорее апокрифическая, по мнению «кухонных мужичков». В пользу этого мнения может свидетельствовать лишь способ высказывания оного — пошепту, на кухоньке. Зато по-человечески это так понятно — сомневаться в исторической реальности тех, чьими именами усыпано небо над головой: ты ж понимаешь, с берегов эвона каких, в церковно-приходскую школу ходил... Да не мог он такого насочинять... Логика! Всецело с оглядкой на себя: мы бы на его месте не смогли. Правда, если говорить о Такомтовиче, тебя к этому подталкивает двусмысленность, которая оборачивается его псевдоискренность: боюсь спрашивать вас, люди будущего, долго ль, коротко ль мучился я перед смертью — а что, как, мое имя вам ничего не говорит? Но имени-то мы его и не знаем, вот в чем вся штука. Он же сам его и скрыл. А не пойман — не вор, хотя бы и шла речь о похищении огня. Как и наоборот, назвался горшком, полезай в печь. Это без бумажки, беспрозванная ты букашка, не суйся в историю, а в бумажных-то ее кижах — ого-го! — будешь жить-поживать, добра наживать. Так-то, мил человек. Вот он нам и устроил светлое будущее. А все почему? Потому что знал: с таким именем нечего соваться в калашный ряд, анониму же дают прописку только в утопии. Первоисточники надо читать. Там все написано: «Ты не видишь еврейству, с учетом его специфики, места на твоей карте счастливого будущего — этого прекрасного нового мира, куда все должны попасть». Увидел-таки! Нашел местечко. Действительно гений всех времен и народов. Ничего в сущности мы о нем не знаем: ни где жил, ни когда, ни с кем — если не считать Виктоши, чья функция, этакого Санчо Пансы при Дон Кихоте, дает основание последнего считать геем, подтверждая этим известный взгляд на русскую сексуальную революцию как результат всемирного заговора голубых. Соблазниться сладострастною картиной этого заговора не значит отречься в его пользу от соображений антисемитского характера. Одно другого не исключает: всегда кто-то за кем-то стоит, так даже убедительней — для тех, кому приятно, чтоб их в этом убеждали. Прочие же пожмут плечами: с какой *стати*? Где сказано, что у Виктоши стати Санчо Пансы? Наоборот, в душе нашего палладина оставила след какая-то дульсинея по имени Наташа — вот уж редкое по нынешним временам имя, ввиду его недопустимой половой однозначности. И трагическая любовь упомянута, возможно, закончившаяся даже суицидом: она утопилась якобы... Если только это не из «Русалки». Духовное наследие Такоготовича поддается самому широкому толкованию, безразмерное, как пифагоровы штаны, что на любую задницу налезут. Цикад из Такоготовича понасушено на сорок лет жизни в пустыне, как цукатов. Сегодня они не более чем настенное украшение в местах общего пользования, нечто среднее между лепниной и граффити. «Красота — это бессмертие на вкус». Полные штаны смысла. Но никто в эти штаны не заглядывал со времен последней порки. На фирменном значке РГГУ, над блюдом с курицей, они кажутся вполне уместными. К тому же Русь нынче какая угодно, немытая, бесполая, но, по крайней мере, один эпитет отвалился (подпрыгнула — и отвалился): она уже точно больше не голодная. Монахи в Киево-Печерской лавре так не вкушали, как вкушают «из нонешних будущие». Сексуальная революция накормила народ. К тому же с нею русская кухня освободилась от вкусовой тупости, крайнее проявление которой — метровая толща дрожжевого теста и в глубине, точно ненароком попавший туда, волосок начинки. Но обессексуалел народ, разогнул он согбенную спину — начинка свергла тиранию теста и стала гегемоном пирога. За эти сорок лет невероятно возросла культура приема пищи. Трудно себе представить, что еще недавно была возможна такая сцена: русский интеллигент рвет зубами выбитую об угол стола воблу, усеивает ее ошмотьями газетку, а глазами пожирает страницу за страницей «Под сенью девушек в цвету». И если цвет, краски по-прежнему не избавились от вековечной своей тусклости, то вкус обрел наконец интенсивность, словно пробудившись от берложьей спячки...

— Хорош дрыхнуть! — в ужасе завопил Димитриади. — Знаете, сколько времени?

— Чего, Митёк? — сонно промычал голос.

— П... п... проспали!

— Гоша, ядрена макароша!.. Проспали!..

— А...

— Без десяти! Поскакали!

— Шпоры не забудь!

— Куда поскакали — хватаем тачку!

— Сколько башлять-то?

— По червонцу с рыла.

— Чего?!

— Вот тебе и «чего»? Знаешь, к... к... какое расстояние?

А правда, сколько ж это будет, от больницы Кащенко до Богом забытой речки Мьи?

Они, как подросшая детвора, гурьбой вывалились из парадной. И принялись ловить руками воздух — как подстреленные.

— Хватай частника!

— Эй!.. Ядрена макарона...

— Блин!

— Эй! Эй!

Этот остановился, оглянулся, жадный до лишнего кредитого билетика, который был вашим, станет нашим. Через минуту-другую. А что такое минута? Тьфу. Ее и не заметишь. Как воздух.

Дышать же все равно будешь. Ехать тоже. Время не деньги.

Прямая «Победы» чуть искривилась, и она затормозила в метрах пятидесяти. Кто раньше добежит? Победила дружба.

— В Гастрономический университет, — заголосили наперебой, в ответ на вопросительный поворот головы в машине.

— А сколько дадите?

— Сорок.

Были ваши, стали наши — воздух ничего не стоит.

— Поехали.

Их четверо. В машину как раз влезают волк и четверо козлят. Воздух кабины в сочетании с маршрутом, снятым по мерке, есть в нашем представлении предел всяческого комфорта. Частник — болтун, охотник до собственных баек и хват.

— Мы с пешеходом по разные стороны ветрового стекла...

В следующий миг раздавленная лужа настигает кого-то, мокрой курицей кудахтающего им вслед.

— Ну, самоубийца же! Куда лезут? Особенно старье. Сегодня одно такое — р*ааа*но утром — ну, прямо под колеса кидалось. Куда я, туда и оно. Жить надоело. Понятно: радости в жизни никакой, болезни... Свое отъели.

СЕКСТЕТ «ВОСПОМИНАНИЕ О ГУРЗУФЕ»

Охотников спать внизу — тьма: как огня боятся верхней полки. Всю ночь будут держаться за поручни. Матросы... Светик не из их числа. Светику верхотуру подавай. А что на корабль напала качка — это только хорошо. Но сейчас и Светику не спалось: *дасборк*.

За черным стеклом стояла ночь. Ее прикрывала беленькая в сборочку занавеска — на металлическом прутике. Как трусы на резинке. Прикрывай не прикрывай, дыра по ту сторону будет зиять. И ночь напролет проносились хвостики станционных огоньков поверх мертвенно-зеленоватого Светкина отражения, минуя приоткрытый, жаждущий их рот. И капли не помогают.

Если верить их профессору по классу приготовления кислых щей (на утином отваре, с сыроежками), то русское гастрономическое чудо объясняется отнюдь не высвобождением гормональных ресурсов нации, как это они проходили по истории будущего — «а, ребятки, любовью, французской любовью, — и Алессандро Домениковичевно Скарлатини седою трясло бородою. — Понимаете ли, декрет, запрещавший оплодотворение яйцеклетки, этому изрядно споспешествовал». Вот тебе и раз. Вот тебе и Виктоша.

Пересвету хотелось всего сразу: и еще капельку Гурзуфа (но чтобы при этом нос разложило), и приволья родного Дачного, с его речкой-поперечкой, с сачками-рачками, со змеями
небесными, которые не сеют, не жнут, не варят, не парят — и вообще ни черта не делают,
только летают, и так до первого сентября.

Случалось, мелькавшие в ночи огоньки барабанили в глаз метеоритным дождем, это проезжали какой-нибудь Курехин-городок. Светику
вспоминался Алессандро Домениковичевно с
его разговорами. Еще недавно за такие разговоры по бородке бы не погладили.

А если б не насморк, что тогда?

...Тогда они накануне приготовили плодово-
ягодный проект «Говорит и показыает Аристофан»: кугл в человеческий рост, весь в клюквенных
прожилках, пропитанный горячей имбирно-ромовой эссенцией, с цукатами, с изюмом (пять кило
сабзы!), с кусочками миндального печенья. Вертикальный надрез был заполнен кремом «Алла
Джудекка» (лицо едва ли историческое). Вся
соль заключалась в том, что стоило Славке Чикатило, изображавшему Зевса, демонстративно
рассечь кугл надвое — по заполненному кремом
шву, — как из одной половинки выпрыгивал
петушок, из другой курочка. Петро (в роли петушка) кукарекало без умолку. Многие мастерски
подражают голосам животных и птиц: по преимуществу лают или кукарекают. Курочкой обрядили
Светика, Аристофаном — Данко Горелика.

Данко говорило, тыча в кугл льдисто-сахаристой указкой, переводчик переводил, французы, для которых «говорил и показывал Аристофан», предвкушали.

Д а н к о. Вначале не было ни мужчин, ни женщин, и люди сразу были *обеего* цвета. Тело у них было округлое, грудь спереди и сзади, лицо смотрело на обе стороны, так что смиренно поникнуть гордой головой они не могли при всем желании. Рук имели по четыре, как и ног, ушей — две пары, о прочем можно догадаться. И куда бы они ни направлялись, катясь на восьми конечностях наподобие шара, они всегда двигались вперед, не зная путей отступления. Страшные своей силой и мощью, они питали великие замыслы. Их целью было бессмертие. Для этого они собирались взять небеса приступом и низвергнуть оттуда богов. Боги смутились: как быть? Убить их, поразив громами, значило лишиться почестей и жертвоприношений. Насилу Зевс кое-что придумал.

Ч и к а т и л о (*достает нож*). Кажется, я нашел способ и сохранить людей, и уменьшить их силу. Я разрежу каждого из них пополам, и у них не останется других желаний, кроме как воссоединиться со своей половинкой (*рассекает кугл точно по заварной Джудекке*).

П е т р о. Кири-кири-ку-ку!

С в е т и к. (*Без речей. Только сопли нудит вспять.*)

Ч и к а т и л о. А если не угомонятся, разрежу их еще пополам, и они запрыгают у меня на козьей ножке.

Показывает как — прыгая на козьей ножке и свирепо кромсая ножом кугл. Петушок и курочка только успевают накладывать на тарелки изрядные ломти и обносить ими французских гостей. Между тем расставили пюпитры, пришел черед музыки, которая с древнейших времен неотделима от еды — а вовсе не от поэзии. Веками под нее жуют. Стихи же хоть к ней и липнут, но обычно крылышками, чтобы потом в долгой агонии беспомощно шевелить лапками.

— Чико́фскы, — объявило конферансье громко и гнусаво. Их этому учат: говори так, как будто крыльями носа сжимаешь пятифранковую монету. — Секстет «Воспоминание о Флоренции». Исполняет секстет Московской ордена Такоготовича государственной филармонии.

Первую скрипку играло коротко остриженное чернявое существо. Вторую скрипку играло, наоборот, долговязое — с длинными русыми волосами, у которого, как у коровы на льду, разъезжались на струне пальцы. На третьей скрипке, как на лакированной подушечке, покоилась бочком совершенно лысая голова. Четвертая скрипка музицировала очень самозабвенно: тряся головой, припадочно закатывая глаза, — работала на публику. Пятая скрипка все время отбивала такт носком нечищеного штиблета. Игравшего шестую скрипку было плохо видно в хитросплетениях декоративных растений, но слышно было, к счастью, прекрасно.

Французы кушали, затаив дыхание. В отличие от наших, они еще имели вид мужчин и женщин. Как в кино. Светик прежде никогда не видело живых мужчин и женщин. С одним таким французом оно познакомилось, его звали Пьер Лекок.

— Белоу, Пересвет, — они крепко пожали друг другу руки. Лекок обожал Россию, был горячим приверженцем русской сексуальной идеи. Языка он совсем не знал, но через переводчика сказал, что хотел бы со Светиком «мэйк лав».

— Французскую? — спросило Светик.

— Нет, французскую не получится, у тебя насморк, — сказал переводчик.

— А так я не хочу, — повернулось и ушло. У советских собственная гордость.

«А если б не насморк, тогда бы...»

...Вагон стало раскачивать реже, но резче, пока с отчетливым толчком он не сел на мель и за окном не воцарился стоп-кадр. Потом томительно-ненужное «Чебоксары», вздрогнув всем Светкиным телом, поползло вспять. Снова прежняя качка, снова по стеклу скользят капельки огней. Недреманное око их видит, да во рту пересохло. Дневные остановки поездов дальнего следования сопровождаются несанкционированными выступлениями частников народной самодеятельности. Они торгуют пирожками, петушками, горячим супом в горшочках, сочнями. Но примитивисты еще не были в фаворе у широкой публики — а на перронах стояли примитивисты чистой воды, это даже не кружок вкусной и здоровой пищи при ДК им. Первой Транссексуализации. Поэтому хороший вкус при виде их зажимает нос. Хотя среди этих самоучек есть невероятные таланты. Главное, чтобы иной умница, вроде Светика, не вздумал объяснять им азы академической кулинарии. Это как если бы цыганскому виртуозу-слухачу посоветовали брать уроки игры на скрипке у знаменитого профессора Московской Государственной Дважды Ордена Такоготовича Консерватории им. П.И.Чикофскаа Жоржи Исаевичевна Янкелевичевно.

Но пока что у Светика насморк. А когда нос разложит, глядишь, и фольклорные экспедиции войдут в моду.

— Голубчик, хоть бульона-то выкушай чашечку с сухариком.

— Не богу, Алессандро Добедидиковичевдо... дасборк... в дотку ничего не лезет.

ВСЕМУ САМОМУ СОКРОВЕННОМУ ВО МНЕ Я ОБЯЗАН ДАЧЕ

Лечение велосипеда потребовало привлечения местного знахаря. Елизавет Викториевичевно ворчало: «Змей Горыныч, как дела? Голова пока цела?» Якобы сознавало неизбежность падений, ссадин, восьмерок. На деле же состояло на учете в театре литературных масок, приросших одна к другой. Вот и получалось, как у Образцова: «Что ни страница — знакомые лица, или ни слова без строчки». Это, можно сказать, стало жизненным кредо Елизавета Викториевичевна. Своего-то лица давно не имелось — так обкорнали.

Те два дня, что педик стоял на рогах, Настик, мало сказать, не злорадствовало, но с мудростью хомячка прогрызало к Юлькиному сердцу туннель, торжественное открытие которого было приурочено к новому старту. Все напрасно. Юльчик оседлало «Ласточку», а Настик осталось с мячиком. Хомячок? Играй с мячиком.

Пакт с Павкой сохранялся. Вместе гоняли туда-сюда по проселочной дороге, вместе ели морожку на стадионе, однажды вместе свалились, столкнувшись. Вечный огонь завидущих глаз тоже в одном гробу видали. Но купаться могли лишь порознь — кто-то должен был сторожить велосипеды.

По праву старшего в основном говорило Паоло — Юлька по бесправию младшего в основном молчало. Это устраивало обоих. Как-то раз Павка сказало:

— Я — Павло Тычинка. А ты нет.

— Я — Юлио Горобец.

— Воронец ты, а не Горобец. Тычинка всегда «он». «Она» — ворона-кума. Кто у нас ворона? По-дореволюционному ты девочка.

Юлюш так растерялось, что тут же нашлось:

— Мы не до революции. Теперь мы все равнополые, — запевает «Интерсексуал»:

> Мир яйцеклетки мы разрушим
> И с корнем выкорчуем пол.
> В свободной клетке наши души.
> А кто не с нами, тот козел.

— Бабушка козлика очень любила... Все только прикидываются, будто равнополые. Ты — «она». И «Ласточку» тебе купили, а не «Орленок».

Что и вправду странно. Иначе как в среднем роде о себе давно уже не говорили. Подавно дикостью было бы сегодня к кому-то обращаться: «мужчина», «женщина». Одеты тоже исключительно в «Унисекс» (создание нового человека оказалось делом плевым: думали, уйдут столетия, и вот за сорок лет справились). А «Ласточку» так и не сняли с производства.

— Ты с ума сошло, — Юльке стало здорово страшно. — Такое даже говорить нельзя.

— Говорить нельзя, а абортмахерских больше, чем общественных туалетов.

— Родимое говорит, что это по привычке. Яйцеклетку оплодотворять не надо, все равнополые теперь.

— Ха, ха, ха. Елизавет Викториевичевно с Краевичевно — равнополые... Разнополые! А твой родитель чего?

— Ничего. Раньше приходил врач с их отделения.

— Кто на ком лежал?

— Я уже спало.

— Одним глазочком хоть подсматривало?

— А что подсматривать, это же как у собак.

— Кто тебе сказал?

— Нам по внеполовому воспитанию фильм показывали про это.

— В фильме покажут, жди. Собаки что, при этом целуются?

— А люди... целуются?

— Еще как!

Для Юльки это новость. Вообще-то, слышало, что сразу после революции целоваться было запрещено, потому что палочки туберкулезные через поцелуй передаются. Но когда туберкулез победили, запрет сняли.

— А родители с детьми тоже целуются, ну и что?

— Совсем по-другому. Там сосутся и языками в рот друг к другу лезут.

— Противно.

— Потому что ты гормонально еще не созрело. Тебе и водку пить противно.

Юльчик молчит. Довод из сильных. В воздушном пространстве всецело господствует теперь Пашкин голос.

— Раньше, когда были мужчины и женщины — да? — разве влюблялись и женились, только чтоб яйцеклетку оплодотворить? Черта с два. У них было сексуальное либидо страшной силы. Оплодотворение яйцеклетки — это лишь предлог. Аборты и раньше делали, только за них не сажали. А после революции сажать стали, если кто не сделал. Из-за чего, по-твоему, Гражданская война началась? Либидо хотели объявить вне закона — клиническую смерть оно вызывает. Эх, что ты знаешь о жизни! Родителя твоего тогда бы точно под суд отдали. Попытка самоубийства на антисексуальной почве. А упало, Б пропало. И трубило бы ты в детском доме на Моховой.

Юльчик хоть и умное, да предподростковое. Пашкина речь убеждала — знать бы только, в чем. Расти в детском доме и играть там на трубе — из-за чьей-то дурной привычки? Но надо же иметь и понимание к людям: за столько тысячелетий они пристрастились оплодотворять яйцеклетку. Курить вот и то Краевичевно не может бросить. А даже если это такая вредная привычка, что за вредность полагалась тюрьма, при чем тут самоубийство? Хорошо, хотели отучить и брали на испуг: самоубийца, мол. Курильщиков тоже пугают. Потом рукой махнули. «Привычка свыше нам дана», — говорит Краевичевно. С абортами ясно: преступная халатность. Мало того, что оплодотворилось, еще и прошляпило все на свете. То, что можно объяснить, не пугает. Страшно то, чему нет объяснения, как призракам, например. Что существовать не должно, не может, не смеет, ни-ни-ни... Но существует же! Одна буква не та, и пожалуйста: вместо равнополых они с Пашечкой разнополые.

А Павка не ждет, шепчет на ухо что-то. Юлька отчаянно затрясло головой — из чего следует, что Павка своего добьется. Это из серии: «так растерялось, что тут же нашлось».

— Ну, давай попробуем. Боишься?

— Угу.

— Ну, разочек. Подальше поехали, хочешь?

— Ты же говоришь, что я еще гормонально не созрело.

— Для этого вполне. Давай на братскую могилу. Там точно пусто.

Ехали, не глядя друг на друга, словно врозь. Приехав, прислонили велосипеды к ржавой ограде, внутри которой под ржавой звездой, обвитой змием, с кратким примечанием «Вечная слава героям» стоял четырехгранник из бетона. Их тысячи и тысячи — таких, дикорастущих. Немудрено — когда они растут из любого места.

Устроились прямо на холмике.

— Ну, начинай, — Юльке уже не терпелось.

— Сейчас... Начинаю. Я пошел в кино. Твоя очередь.

— Я пошла в кино.

— Я сегодня купался в реке.

— Я сегодня купалась в реке.

— Я ел мороженое.

— Я ела мороженое.

Потом долго молча лежали рядом и смотрели

в небо. Еще прошлым летом под словами «Вечная память героям» чей-то ножик нацарапал: «Схоронившим свою Атлантиду».

ПРИМЕЧАНИЕ НА ПРАВАХ ГЛАВЫ

И трубило бы ты в детском доме на Моховой. — Детский дом с кулинарным уклоном расположен не на Моховой, а на Мастерской, что в пяти минутах езды.

В свое время русский авангард начисто отвергал эстетику полового неравенства с ее культом вечно женственного: межполовая любовь, согласно Такомутовичу, венчает шкалу ценностей фашизма. «Фашизм — это почитание совокупляющихся мужчины и женщины как абсолютной святыни, при том что их акт есть наш акт и они сливаются с нашим Я». В другом месте вождь сексуальной революции с присущей ему гениальной наблюдательностью отмечает: «Внематочная беременность для женщины не так страшна, как внебрачная. Вековой страх перед нею, передающийся из поколения в поколение, разжигает чувственный интерес, но при этом ослабляет чувственное желание. Что называется, женская доля. Изнанка тургеневской барышни. Недаром идеи небесной чистоты и вселенского блуда — обе вагинального происхождения».

Но если бронзовые рептилии на площадях и в скверах («глисты», по-народному, заимствованные у литовской парковой скульптуры) продолжали парад конных и пеших идолов прошлого; но если повсеместные платоны, прометеи или круглоголовые плешивцы-гермафродиты были вылитые члены политбюро, то экскрементализм, этот мощный поток в русле авангардного искусства, вводил зрителя-слушателя в новую эру уже *субстанционально*. Экскрементализм, по мнению его адептов, аналогичен смеховой антикуртуазной культуре низа в ее оппозиции ко всему возвышенному, ко всяческому идеалу, любовному par excellence, будучи не чем иным, как «кулинарией навыворот» («Изнанка тургеневской барышни», «кулинария навыворот» — преобразовать мир значило его перелицевать. Это холопское развенчание мира гениально передано Достоевским — в стихах капитана Лебядкина, чьим достойным продолжателем по праву следует считать Милана Кундеру: «Канализационные трубы, хоть и протягивают свои щупальца в наши квартиры, тщательно сокрыты от наших взоров, и мы даже понятия не имеем о невидимой Венеции экскрементов, над которой воздвигнуты наши ванные, танцевальные залы и парламенты».)

Полней всего экскрементализм проявился в живописи, меньше в ваянии, совсем мало в зодчестве. Зато не обошел парфюмерию: считалось, что испорченный воздух непредсказуем в плане обонятельных ассоциаций. Это подтверждали педологи на основании производимых ими опросов, а также Томас Манн, написавший в «Обманутой»: «Тошнотворный запах распада в двувалентном, двусмысленном своем перерождении уже нельзя назвать вонью». Но козырной картой в этом идеологическом «дураке» было по-хрущевски бесхитростное Виктошино «свое говно — сметана». Сим и побеждали.

Отметим, что в живописи данный творческий метод подчеркнуто традиционен. За исключением его основополагающего принципа — выбора субстанции — художники оставались в границах академического письма. Тем звонче будет пощечина общественному запаху, утверждали они (вводя в соблазн отдельных парфюмеров). Мастерство работавших в экскрементальной технике оскорбительным образом превосходило возможности всех тех, кто выступал с позиций полового реализма. Но когда усилиями последних судьба с шекспировской категоричностью поставила экскременталистов перед дилеммой: быть как все или не быть вовсе, то оказалось, что самый главный из них по-другому не может. Просто не умеет. Вокруг недоумевали: что́ ему стоит? Почему о́н — раб приема? Омой кисти и пиши то же самое маслом, акриликом, темперой. А он — экскременталист-идеалист. Трагедия художника. Романтическая легенда гласила, что до последней минуты жизни этот лактионов с душою шагала продолжал творить. Ввиду того, что он умер в блокаду, враги только цинически усмехались.

В музыке вышеназванное направление, поющее *все* свое отечество, *всю* работу пищеварительного тракта на *всей* его протяженности, от аза до ижицы, «с южных гор до северных морей», специализировалось на испускании звуков, которые предшествуют подписанию итогового документа, выражаясь в терминах большой политики (оправданно). При всей своей очевидной революционности исполнительство на прямой кишке не перечеркивало, но дополняло и разнообразило уже знакомые миру тембры. Многие виртуозы перистальтики не брезговали выступать в сопровождении фортепиано или в составе камерных ансамблей. Особенно следует выделить альтовые дуэты. Вопреки желанию самих перистальтов, способ звукоизвлечения, которым они пользовались, вокалом не назовешь, вокалисты отрицали всякое родство с ними. Дистанцировались от них и духовики, хотя издавна в казармах лейб-гвардии Семеновского полка существовало выражение «трубить отбой». В народе по сей день говорят «помянуть архангела всуе». Но тогда все помешались на музыке революции, слушать которую в культурных кругах считалось хорошим тоном. Вот описание одного такого вечера, сделанное современником.

«В Малом ("Ляпуновском") зале филармонии слушателей набилось — не продохнуть. Пробираясь к своим местам, мы перешагивали через плечи и головы расположившихся прямо на полу в проходе. На подоконниках тоже сидели впритирку, и вызывающе-округлая коленка могла преспокойно тереться о белый фартук полового. Для контрамарочников стулья ставились прямо на эстраде. За пару колготок, которые Марина надела только раз, на бал с итальянцами, нам

удалось приобрести у спекулянтов два билета в
третий ряд — с началом революции предметы
женского туалета, прежде всего белье, стали самой надежной валютой. И чем громче трубят об
обществе, в котором не будет половых различий,
тем выше на черном рынке котируются трусики
с кружевом. На какую-нибудь сиреневую комби-
нацию китайского производства семья из трех
человек может жить две недели. Чтобы попасть
сегодня в концерт, многим дамам пришлось
пожертвовать тем, чем женщины жертвуют в
последнюю очередь: чулками с дракончиком.
Так что неверно, будто женщина в любых обстоятельствах остается женщиной. Порой она пре-
вращается в мужчину, Такойтович прав. Мы ре-
шили, что совместное выступление Мосье Пердю
с альтистом Даниловым все же стоит мессы, то
бишь колготок. У Марины их оставалось еще две
пары, ажурные белые и так называемые "ни дать
ни взять", плотные. Этого должно хватить до
осени, а осенью Бог подаст. Ходят слухи, что на
Дону формируется Антисексуальная гвардия.
Многие не верят и вяжут узлы, но многие наде-
ются, выжидают. Мы с Мариной не покинем
Россию ни за что. Наше решение твердо. Горек
секс изгнания, лучше уж быть бесполым у себя
на родине... Однако выступлению пора бы и на-
чаться. Отовсюду раздаются хлопки, выражаю-
щие нетерпение. Такое не в обычае хорошей
публики, но где же ее сегодня возьмешь? Сегодня *все позволено*. Наконец в зал под гром аплодисментов распахнулась дверь, и на эстраду
вышли артисты. В отличие от Мистера Икса или

Иль Троверо, скрывавших лицо на три четверти (оба выступали в атласных баутах, чем походили на грифонов), Мосье Пердю был в голубой бархатной полумаске, едва достигавшей кончика носа и завершавшейся бахромой, сквозь которую виднелась борода. Именно благодаря бороде, вероятно фальшивой, — точней было бы сказать, невероятно фальшивой — многие подозревали в нем женщину. Ничто так не завораживает, как тайна лица, Железная Маска тому подтверждение. Уже несколько месяцев, как все терялись в догадках: кто он, загадочный Мистер Икс, через задний проход воспроизводящий арию одноименного персонажа из "Принцессы цирка"? Иль Троверо был распознан довольно скоро: Руслан Назаров, тренер киевского "Динамо". Слышали, как он упражняется. Когда, раскланявшись, Мосье Пердю явил публике ижицу, закинув фалды на спину, я попытался определить, женские ли это формы. Тщетно. "Ну что?" — спросил я у Марины. Женщина женщину скорей узнает, но и она не могла сказать ничего определенного. Сверили "ля", маэстро Данилов покрутил колок. Снова опустил смычок, нахмурился, постоял так мгновение. Затем рука со смычком плавно описала в воздухе полукруг, и по тому, как затрепетали черты лица музыканта, все поняли: сейчас раздадутся звуки. "О альтист нашего времени!" хотелось крикнуть ему. Было в Данилове что-то по-восточному демоническое, в посадке головы, в долгих черных волосах, прядь которых в минуты вдохновенья ниспадала на его орлиный лоб. Хотя, честно говоря, исполнение первой вещи не вызвало великих восторгов. Прозвучал знаменитый "Вечерний звон" в переложении для альта и прямой кишки, где последняя изображала удары колокола. Эффекта колокольного звона не получилось. То, что мы услышали, мало походило на благовест — совершенно как в известном романе: "Вечерний звук — пук! пук!"».

ТИШЕ, СДАДУТ МЕНЯ... — ЭТИ ДВОЕЧНИКИ? (РАЗГОВОР ЭКЗАМЕНАТОРА-ХИРУРГА С ЭКЗАМЕНОМ, НА КОТОРОМ РЕЖУТ)

> Виктоша покупает себе белье в сексшопе. Все в недоумении: зачем тебе? «Да, — говорит, — Такойтович спрашивает дорогу к храму».
>
> *(Из анекдотов кухонных мужичков)*

На экзамен по истории будущего опоздать не удавалось еще никому — никогда. «Не для вас я эти мосты строил», поется в арии понтифика, не для того зав. кафедрой научсекса Домини А.А. целый божий семестр скармливало ребятушкам знание, строжайше проверенное на праведность. Это что же, прикажете взамен ритуального заклания всадить элементарнейший кол за неявку? Так легко, козлятушки, откинуть копытца вам Анно Аркадиевичевно не даст. Скорей, по примеру доброго пастыря, оставит все стадо блеять под дверью, а само, зеленое, пойдет отыскивать заблудшего козленочка. Чтобы не сварил его кто в молочке матери. Или не использовал каким иным нечестивым способом. И зарежет его на сексуализме — согласно благочестивейшему регламенту и с присовокуплением надлежащих благословений. Эх, зря с ветерком прокатил попутный волк козлят, проплативших ему капустой, — этакое нестандартное решение известной незадачки.

Проскочили равнополого Куделькóво, чье фамилиё никто, кроме Анно Аркадиевична, знать не знало, ведать не ведало — в отличие от имен, высеченных на плитке чистого мрамора и покрашенных золотом по клинописи: преподаватели и студенты РГГУ, которые, говоря словами поэта, «схоронили свою Атлантиду и не кажут виду». Над этой позолоченной проскрипцией гордо реяла цикада: «Нельзя победить народ, где оба пола, мужской и женский, объединились в один, средний, чтоб не пропасть поодиночке».

И правда. Перед дверью с надписью «Тише, здесь сдают», студенты слипались в придурочий ком. Каждый сходил с ума по-своему: Петя пел, Степан молчал, Николай ногой качал. Иные, зажмурившись, бормотали что-то. Кто-то бросался — один на всех, так спрашивают лишний билетик (на это кино билетиков хватит всем, дружок). Словом, представлены были различные формы помешательства.

А со стен на кретинов взирают Микеланджело, Платон, Такойтович, Виктоша, Прометей, Сократ, Федоров, Аполлон, Исайя, Леонардо да Винчи, Плотин. Все в одинаковых рамах, все на одно лицо, включая Первородного Гермафродита и Прямоходящего Змия (бороды, прически, плешки — накладные). Но есть в этом герметизме, в этой узнаваемости одного божества в другом что-то утешительно-привычное, врачующее душу.

Или, напротив, еще больше затрахивающее.

— Эй, челаэки, какая буква?

— Сотая...

Оказывается, еще не начиналось.

Приготовительный факультет в РГГУ — элитный-преэлитный («прозелитный... прерафаэлитный...» — отдается во всех медвежьих уголках необъятной нашей Маши). Это на нем готовятся сливки кулинарного исполнительства, это его выпускникам прославлять наш половой строй на весь мир: смотрите, разнополые, как мы питаемся, и облизывайтесь. Конкурс на него как в институт международных отношений — пятьсот икринок на зуб. Анно Аркадиевичевна всего аж передергивало: естественно, для этих «печных дел мастеров» Аполлон Бельведерский не дороже печного горшка. Как и все прочие основоположники научсекса. Какое-нибудь их поваренное величество, вроде Вилли Базилиовичевна Побулкино или Данте Габриэлиевичевна Россетидзе, даже не обременяло себя политесом, приходя просить за двоечника-вундеркинда:

— Анно Аркадьевичевно, дорогое мое человечище, — с вальяжной развязностью заседающего во всевозможных международных жюри. — Ну, сделайте милость. Ну, так ли уж ему это важно, кто на третьем съезде полпартии был за оплодотворение, эсеры или эсдеки? Это что, поможет ему приготовить нашарап а-ля Алиев?

Еще недавно пикнул бы он такое...

— Данте Габриэлиевичевно (или Вилли Базилиовичевно), вашему виртуозу и кол-то в холку всадить мало. Ему говоришь: назовите предпосылки Половой Революции в России, а оно в ответ: женщины небывалого роста.

— Небывалый рост женщин — ах, голова садово-ягодная! Я и то, старик, помню: небывалый рост женщин в сфере каких-то там услуг. Поставьте мне троечку, драгоценнейшее. Мне — не ему. Уважьте старика.

Попробуй, не уважь, тут же звонок из райка. Какое-нибудь сопливое секретаришко. Которого и клонировать-то еще не думали, когда Анно Домини уже вовсю несло вахту у тела Урицкого. «Анно Аркадиевичевно, как же вам не ай-яй-яй? Юные дарования поощрять надо». Поощрит... Но прежде все жилы из юного дарования вымотает. Сдавать им не пересдавать — такоготовичевсковиктошинскую эстетику, научный сексуализм, историю будущего. На факультете теоретической гастрономии и прочих весьма нужных вещей — там лафа. Кулинароведов экзаменовало Питино, историков кухни — Хабное. Обои носили «унисекс» либерального кроя, не пропускали ничего крамольного ни в театре, ни в кино, в общем, заслуженно пользовались репутацией добрых сибаритян. А доценту Домини приводят на заклание козленочка: «Бэ... э... э... э...» И в мозгу у завкафедрой уже злорадная опухоль: знать, не один только Кудлян у нас заикающееся...

— Равнополое Димитриади, держите себя в руках, членораздельно прочтите вопрос. Уверяю вас, на потолке ничего не написано. Вы что, пришли сюда ловить мух?

Цикад. Маленькое уточнение, цикад. Изрядная их коллекция была приколота к стенам, которые взгляд Митюши теперь лихорадочно обводит.

«Интерсексуал учит брать милости у природы своею собственной рукой», «Похитить у неба огонь — вот наша первоочередная задача»,

«Пол — это то, что вынуждает одну половину человечества биологически угнетать другую», «Пол человека лишь полчеловека», «Баба дура, штык подлец», «Вкусной и здоровой пищей воспрянет род людской». Все не то...

— Равнополое Димитриади! Извольте прочесть билет.

— «Основные женские архетипы». Понятно. В своей гениальной работе «Происхождение семьи из духа времени»...

— Не происхождение, а рождение. И не семьи, а трагедии. И не из духа времени, а из духа музыки... Равнополое, что вы несете?

— Это случайно. Ей-богу, случайно. Из духа музыки, и только из него. Действительно, что я несу, какой дух времени — дух музыки... а вообще, какая между ними разница...

«А такая, что, Рабинович, либо снимите крестик, либо наденьте трусы», — Анно Аркадиевичевно со вздохом вспомнило свою молодость, свою свежесть — воспоминание не из приятных.

— Послушайте, если вы не подготовились, так прямо и скажите.

— Почему не подготовился...

— Откуда я знаю почему. У вас что в билете?

— Архетипы... — сглотнуло, адамово яблоко давно уже сухофрукт. Сорвав первую попавшуюся цикаду со стены, быстро сунуло ее себе в рот. — Значит, пока классовая борьба подменяет собою борьбу полов, не может быть и речи об исследованиях в области генетики...

— Я вас не спрашиваю, почему была запрещена генетика.

— Так я же и не отвечаю, я же про архетипы. Просто... — по недостатку кальция, успевает слизнуть еще одну цикаду, — женский вопрос обусловлен биологическим неравенством, поэтому попытка социального его решения невозможна, иначе как научным путем... Хохотушка, значит. Хахаля уже в Чека вели, а она хохотала. Пила вино и хохотала.

— Вы как фильм пересказываете, равнополое. Верно, любите ходить в кино?

— Это песня такая: «А она хохотушка».

— Так, «сирена». Дальше. Какие еще женские архетипы вы знаете?

— Ну, такая... жалостная. Сама ни в звезду, ни в Красную армию, а тоже хочет счастья в жизни. Ну, бьется как рыба головой об лед. Под занавес плюет и жертвует собой.

— Уши вянут вас слушать. Ни одной четкой формулировки. Как называется этот архетип?

Молчание.

— Я вам сейчас кол всажу.

— Вспомнил! Ну... не человек-амфибия, а это, как его...

Тепло.

— Э...э...э...

— «Русалочка». Из вас все надо клещами тянуть. Итак, «сирена», «русалочка». Какие есть еще женские архетипы?

Митек морщится. Когда вспоминаешь, то всегда больно сглатывать.

— Ну, тоже вечно нагревается, только все смеются. Мордоворот, сиськи до пояса. Либидом чувиха мается... аргуэльо!

— Браво, к своей единице вы добавили плюс. Глядишь, дотянем до двоечки.

Не то чтобы ободренный, но...

— Потом очень популярный архетип — жена от первого брака.

— Такое бывает?

— Еще как! Когда вторая семья, а от первого брака осталась только жена, дети взрослые... Не то?

Домини садически качает головой.

— Знаю! Соперница?

Домини качает снова, точно так же — тем же самым.

— Это не типологический образ. Это их оценка во взаимодействии. Они все были соперницы, — вздыхает. Фальшивомонетчица сокрушенных вздохов. — К тому же, должно́ вам заметить, «цвайфамилиенсистем» — явление не архетипическое. Не помните, почему?

Не помнит.

— В силу объективных причин. Этому препятствовала ханжеская мораль, которую исповедовало общество сексуального разобщения. Это явление замалчивалось. Зато широко был распространен... не помните, какой женский архетип? С древнейших времен. Вам уже все подсказано. Повторяю, с древнейших времен.

— Торгующие храмом?

— Ну, продолжайте...

— Пока команда была «плодитесь, размножайтесь», этот архетип торговал храмом. Потом, когда сделалось «размножайтесь» без «плодитесь», торгующих из храма — фьють!.. И стали они жрицами, только жрят от греха подальше. По-французски хавают. С тех пор нашу кухню не узнать.

Кто б видел лицо завкафедрой научсекса! Это же!.. Идеологическая диверсия! (Детка, детка, тебе что, жить надоело?)

— Ну, так считается...

— Кем считается? Кто вам это внушил?

— Ну, так говорят, не знаю.

— Равнополое Димитриади, если вы даже этого не знаете, то мне вас очень жаль. Когда приходите на экзамен, советую вам хоть что-нибудь знать.

— Анно Аркадиевичевно...

— Да, голубчик?

— Ну, я как бы знаю. Один подросток из спецшколы при РГГУ крутил с интуристом мэйк лаф, попробовать жрецом хотел. Его учили, что это развивает вкус.

— Кто учил?

— Скарлатини. Общий курс кислых щей.

— Вы готовы это где нужно повторить? Давайте зачетку.

ЧАИ ГОНЯТЬ НА ВЕРАНДЕ ПОД КРЫЖОПОЛЕМ

Елизавет Викториевичевно пускает зайчик. Солнечный, пусть поскачет.

— Ой, дедо-пердедо, в глаза же бьет.

— Светик-Пересветик приезжает.

Юл перестало недовольно жмуриться спросонок. Абордажными крючьями Елизавет Викториевично закрепило сперва один ставень, потом другой. Свет хлынул в комнату.

— Светик? Когда?

— Да приехало, наверно. Меньше надо по ночам шастать, больше знать будешь.

— Не факт. Меня Павло по ночам просвещает. Павло Тычинка.

— Пабло Нерудка, — Елизавет Викториевичевно обязательно должно обнаружить перед кем-то знания, почерпнутые в беспробудном книжном запое. Это и есть идиотизм сельской жизни, когда лежишь в гамаке, на раскладушке, на веранде и, как дурак, читаешь, читаешь, читаешь.

— Нет, Тычинка. А я — Воронка.

— Маленькие вы еще, если я говорю «Нерудка», то, значит, «Нерудка». — И вдруг, засомневавшись, Елизавет Викториевичевно решает не на шутку рассердиться. — Больше так поздно приходить не дам. Больно много сувернитету себе взяли.

Юлюш голышом выпросталось на утреннюю свежесть из-под смятых простыней, решительно расставаясь с их несвежим теплом.

— Ой, у тебя на том же месте прыщ, что и у меня.

Не выдерживает бабо-баобабо роли сердитого деда, смеется:

— Будет кокетничать-то. Лизуня-подлизуня.

— Это кто здесь Лизуня?! Это кто здесь Лизуня?!

Русские вопросы армянского радио: сколько можно съесть котлет за завтраком — одну, две, три, четыре, пять...

— Заинька, ты куда?

— Зайка выйдет погулять.

— Ну, еще одну.

— Лопну.

На самом деле хотелось к Свету.

— Поближе к обеду еще съем.

«Вечно убегает без завтрака».

Что самое интересное, приехало-таки. Даже как-то глазам не верилось: за забором собственной персоной прогуливается Светик. И Настик тут же крутится. А до чего однополые-то, батюшки-светы! И как раньше этого можно было не заметить?

(Очень просто. Можно не замечать — даже не в смысле игнорировать — пол, цвет, разновеличие. Разновеличие культур, например. Что-то становится очевидным — но не прежде, чем на это хоть раз тебе укажут. И однажды увиденное, оно уже не может быть возвращено в хаос никогда. С этого момента в толк не возьмешь, как другие не видят. Или прикидываются? Говорят не то, что думают? Вроде бы — то. Верней, вначале, может, и не то, неважно, вначале все равно было лишь слово. И слово было забыто. Вспомнить его можно, не иначе как подобрав к нему рифму, но тщетно ищет ее человеческий разум. К неведомому слову рифмы не подберешь. Правда, опасно недооценивать нашу гордыню: мол, плевать на нее, пусть ненавидят — лишь бы боялись. Не каждый готов изо дня в день праздновать труса. Проще заставить нас думать то, что мы говорим, чем изо дня в день заставлять говорить то, чего не думаем... Нет, что хотите, а мир создан был поэтом: слово тянет мысль.)

«А дед за бабу себя выдающее, или, наоборот, баба за деда, что-то же на самом деле оно думает — о том, что на белом свете творится». Юлио Горобец представляет себе при этом, как Елизавет Викториевичевно изо дня в день жарит котлеты на завтрак. Нажарит, нажрется и начинает читать. Рай в шалаше.

— Слушай, Свет, ты уже такой большой.

Свет Белоу снисходительно взглянул на Юльку:

— Ты тоже.

— Слушай, а тут есть Павло одно, ему пятнадцать, говорит, что мы с ним все равно разнополые.

— Где тут?

— Ну, в Дачном. Думаю, еще спит. Мы с ним до четырех на кладбище были.

— До четырех ночи? Уважаю за смелость.

— А что ты-то про это думаешь?

Как в сказке подлетел хомячок на ласточке. (Как было ему отказать в «Ласточке»?)

— Купаться будем сегодня? — запыхавшимся от счастья голосом спрашивает Настик.

— Можно, — Юл неуверенно посмотрел на Светку.

— После Гурзуфа? Шутишь. Если я там насморк схватило, вода — двадцать шесть, то здесь — жизнь молодая, аль ты мне приснилась? Гарантированное воспаление легких. А когда твой пятнадцатилетний капитан встает?

— Капитан «Орленка»... — и смутилось: будто само было этим «Орленком».

Тут оказывается, что Светик «забыло, когда каталось в последний раз на велике».

Проходил мимо Краевичевно, шел к Викториевичевну. Задрал «Ласточке» седло и пошел дальше. Все молча. Светик поблагодарил тоже молча.

— Ну так что ты скажешь?

Они проводили его глазами до калитки дома номер тридцать два.

— Вот то и скажу.

«Ласточка» укатила, так виляя с непривычки, как если б позади Светика на багажнике примостился человек-невидимка. Насморком и не пахло — «дасборгом»... Нет чтоб двумя днями раньше — не сорвался бы тогда опыт по усовершенствованию вкуса.

«Ничего, есть и другие способы, вкус — дело тонкое».

В ушах голос сказавшего это. Светику вздумалось пожаловаться, нашло кому — одному с приготовительного факультета, когда они там все циники. Его прислали к поезду забрать серебряные приборы, выданные под расписку Алессандро Домениковичевну.

Теперь Светик едет, дышит полным носом, эх!.. Пересветики мои, цветики стебные, что глядите на меня, разнополовые... Вчера два голоса, «разнополовых», за запертой дверью вагонного туалета выясняли отношения: «Я тебя люблю». Сквозь слезы: «А если любишь, тогда почему не уважаешь?»

Краевичевно и Воробец уже приступали к котлетам. Елизавет Викториевичевно при этом не отрываясь читало в подлиннике роман: на рыжеватой инопланетной тверди (в мягкой обложке) одинокий скафандр, предположительно с человеком внутри, тоскливо обращен передом к сияющей в глянцевом космосе Земле. Название в переводе с марсианского гласило: «Счастье, которое мы потеряли».

Евно Евновичевно, тоже не отрываясь, читало фельетон, но, в отличие от Елизавет Викториевичевна, вслух:

— «Для тех, кто не стоит на принципах полового реализма, сообщаем адрес недавно открывшейся выставки: Апраксин двор, второй тупик, площадка между мусорным ящиком и старой бочкой. Пленарные заседания правления Союза проходят в случайных подворотнях...»

— О! Котлетку!.. — воскликнуло Елизавет Викториевичевно при виде Юлька́.

— Ну что, как седло? Держится?

— Спасибо, Евно Евновичевно, удружили. Теперь не опустить никак.

— Ну уж... вот смотри, Лизунь, — машинально заглянув под ноготь на мизинце, игравший роль зубочистки, Краевичевно, по неискоренимой привычке класть все на место, возвращает улов обратно в рот. — Люди творческие. Вроде бы никому не мешают. Хотят говном рисовать — нечай рисуют. Мастерскую нашли в подходящем месте. Нет! Надо запретить, чтобы сразу всем наоборот повадно стало. Дурость нашенская.

— Знаешь, как будут хоронить в будущем? — перебивает его Елизавет Викториевичевно. — Полная ракета трупов стартует в космос... — Читает с полным ртом: — «И в бескрайних просторах, нетленные, будут они носиться до радостного утра». А эту, с укропчиком, положить?

— Котлеты с укропом? — поморщилось Юлико.

— Не котлеты — конфеты. Помнишь: «Чтоб в мозгу рождались клетки, детки кушают котлетки»?

Но Юльчик в мрачном настроении: во многом предвкушении много разочарования. Со Светиком перестало быть интересно.

— А правда, что люди все равно остаются разнополыми?

Елизавет Викториевичевно пожало плечами:

— Не знаю... — Помолчав: — Постепенно разница стирается.

Краевичевно раздвинуло усищи, запорошенные котлеткой:

— Очень постепенно. Главное — не торопить события.

— Отстань!

Возможно, ниже уровня стола «усищи» зарифмовались с «голенища».

Ближе к вечеру из города нагрянуло Марио Елизаветовичевно — во всеоружии сеток. Слезясь, таращилось из веревочных ромбов парное мясо. Томаты, огурцы, апельсины, яблоки, янтарные сливы, баклажаны суть те же красный, зеленый, оранжевый, селадоновый, синий ромбы застекленной веранды. Блестели жернова массивных семисотграммовых консервов. В плотную изжелта-восковую бумагу были завернуты дары коптилен. На пунцовеющем пальце, просунутом под бечевку, висел прямоугольный «мордовский» торт с фирменным голубым мишкой на коробке. Из сумки выглядывали тонзурки батонов, которым исповедовалось горлышко бутылки. «Исповедь грешницы». Густая, пахучая.

И закипела работа. Именно закипела. Даром, что на керогазах да на примусах — шипело, булькало, скворчало и пенилось все по всем правилам. В три пары рук, с Евно Евновичевном в должности кухонного мужичка дело продвигалось быстро. Готовя колдуны, Елизавет Викториевичевно напевало: «Мы все учились понемножку чему-нибудь и как-нибудь», — хотя оно-то как раз ничему нигде не училось. Это Марио Елизаветовично ходило в детскую кулинарную школу, правда, на выпечку, для общего развития. А так с детства ребенок бредил больницей, генной инженерией. В результате работает в Кащенко, в общей урологии — братиной. Бредить надо осторожно, бред тоже сбывается.

— Все, можно накрывать.

Не у них одних, у всего Дачного ломились к этому часу столы, и многие дачники говорили без ложной скромности: не меняюсь с настоящим поваром. Правильно делали, что не менялись: кто работает по праздникам, тем работа не в праздник. Настоящий повар, может быть, постится в этот час. До чего Светик ненавидит самодеятельные застолья! С целым унитазом «оливье», с фаршмаком, который через *а* не только пишется, но и готовится. И с пением, это уж непременно — про то, как «вырастали уши у Катюши».

Сидящим за столом всегда всего мало, в том числе и самих себя. За чаем, к которому подаются горы пирогов, возрождается древний обычай фидитий. «Дай-ка, думаю, загляну на огонек» — таков пароль. С пустыми руками не приходят никогда: если не с тортом, то с табуреткой. Вечное Дачное! Когда день дышит прохладою и убегают тени, когда электричество дарит стеклянной арлекинаде веранд вторую жизнь — в этот час Пересветкины предки принимают у себя Евно Евновичевна, Елизавет Викториевичевна, Марио Елизаветовичевна плюс десять лет уже как равнополого Барсика. «А мы думали, дай-ка на фонарек... Милости, милости... Ну, табуретки могли и не брать, у нас своих хватает...»

Светик в центре взрослого скучного внимания: как было на кухмейстершафте да что готовили? Ничего не поделаешь, право первого вечера. Потом начинают говорить о своем: «вкусовая доминанта», «тепло под языком»... Как попугаи. Сидят, чаи гоняют, спорят о вкусах. Ну что вы в этом понимаете? В восторге от вчерашнего «люля», а его и в рот-то не возьмешь, от одного вида может вырвать.

— Вкус — дело тонкое, — замечает Светик и рассказывает о путях его развития. Слушают недоверчиво, но, с другой стороны, будущий специалист.

— Хорошенькое дело!! — Краевичевно вдруг угрожающе откашливается — что одно уже вызывает желание дать ему по морде: не откашливайся так настырно. — А как же сублимация либидо в ходе построения равнополого общества? Получается, что русское гастрономическое чудо всецело обязано французской любви? Нет, где наша гордость, равнополые?

Тишина.

КТО ТАКИЕ «КУХОННЫЕ МУЖИЧКИ» И КАК ОНИ ВОЮЮТ НА СВОИХ КУХОНЬКАХ С РОДИНКОЙ

Краевичевно — типичный «кухонный мужичок»... то есть, конечно же, нет. Да их в чистом виде никогда и не было. Евно Евновичевно служит, а «кухонный мужичок» — форма неучастия. Сегодня нашим «мужичкам» перевалило за энный десяток, а начиналось с того, что молодняк из старших классов «ишь чего ужаждал»: припасть к первоисточникам, свято веря, что школьный курс «Фашизма» — палимпсест. Для юных нонформалов это обернулось Чапеком.

«Иных уж нет, а те далёко», — мурлычет Елизавет Викториевичевно, наевшись котлеток. «Иных» направляли по состоянию здоровья в лечебно-учебные заведения закрытого типа, настолько закрытого, что выйти из них слабо даже сильным ученикам. Те же, что «далёко», и впрямь держали дистанцию: сознательно не участвовали в приготовлении пищи — лишь кололи дрова да носили воду. Согласитесь, с красным дипломом в кармане выполнять черную работу на кухне — тоже нехилая демонстрация. А если учесть, что дрова кололи копьем, что воду носили решетом... На их счастье, стол сменился на вегетарианский — сразу стало легче дышаться после обеда.

В словаре Душенко про «кухонных мужичков» будет сказано: выражение восходит к статье в «Правде» (число, год) «Кто такие кухонные мужички и как они воюют на своих кухоньках с Родиной». Клеймо пришлось по вкусу тем, кого оно клеймило, в знак грядущего признания их заслуг (и бранное «стиляга», и обидное «импрессионист» тоже превратились в самоназвание). Нынче сказать про человека «типичный "кухонный мужичок"» — это польстить ему.

Как же воюют они на своих кухоньках с родиной? «С *родинкой* они воюют — на разнополой щечке...» Краевичевновы шуточки. Кухоньки вроде как наследовали фабрикам-кухням, где молодые правдострадатели соскребали подгоревший жир с полуторадюймовых днищ. Тогда всходили на костер свято верившие — за «св. Вэру». В эру неверия жечь стало некого, забота у нынешних «кухонных мужичков» такая: была бы страна родная как *там*. Ну почему, друг Базилио, почему? Почему в России наступил половой голод?

— Прямо. Зарегистрированы первые случаи каннибализма. Сейчас я тебе скажу, Евно, одну вещь...

И говорил, позабыв про пастилу. Перед гостем стояла вазочка с налипшей на донышке «пастилой белого мрамора обыкновенной». На таких чего только не высечено — и золотыми буквами, и золотыми зубами, последнее, когда чай пьется с ней, белокаменной, не вприглядку, а вприкуску. Но чай стыл, отдавая остатки своего тепла дореволюционному подстаканнику. О времена, по которым так неуемно тосковалось! Собаки, такую жизнь профукали... Профуканная жизнь олицетворялась — в рельефе подстаканника — нежно-улыбчивым мужчиной в нимбе космического шлема.

— Потому что *там*, Евнычевно, оплодотворение, а не тираж. Там в тираж единицы выходят. Одно время даже запретить хотели. Экология, видите ли, от этого страдает. А нашим их экология по барабану. В результате там биопродукт, и в случае чего они всегда могут вернуться к старым технологиям, там нормальное либидо. Это мы наштамповали кретинов гору и уже не можем по-другому.

— Ну, кто не может, а кто и может.

— Оставь. Давно уже все превратились в «нового человека», но делают вид, что нет. Почему-то кулинарный секстуризм явление чисто западное. Наши, если там и оказываются, лишь нажираются — тем, что с собой привезли.

— Вася, ты нездоров.

— Настолько здоров, насколько это позволяет наслаждаться ощущением здоровья. Надо, чтоб было с чем сравнивать.

— Вот и сравни. Абортариев в одном Дзержинском районе больше, чем по всему городу до войны.

— Ты бы еще вспомнил тринадцатый год...

— А это мысль...

— Когда чадородию была зеленая улица...

— А теперь она что, позолотела? «Вот едет женщина по ней, она опять подзалетела». Забеременеть всегда было — как заразиться. Подостлалась? Получай — на чай.

— Это относилось только к внематочной... тьфу-ты, к внебрачной беременности. Такоготовича вспомни.

— А планирование семьи?

— Решающий шаг к ее распаду, государство противилось как могло. Именно тогда на свет появились матери-героини.

— У нас. А на Западе мать-героиня — это мать-одиночка. Так что, по-ихнему, у нас что ни мать, то героиня, — резко дунув в папиросу, сплющивает ее крест-накрест, наподобие галифе.

— Согласен. Отсюда — трах! И прорыв слабого звена в половой цепи. Вопреки Такомутовичу, революция совершилась в отдельно взятой стране. Почитай, что у Такоготовича: революция может вспыхнуть только в сексуально развитых странах.

— Что ты ко мне со своим Такимтовичем? Да если хочешь знать... — чирк спичкой, чирк, а она не хочет вспыхивать.

— Ну...

— Откуда ноги растут, оттуда они и воняют. Закуривает.

— Люблю эти разговоры. Это у грязнуль ноги пахнут с головы.

— Любишь не любишь... Плюнешь и поцелуешь — твой Такойтович в России ни черта не петрил. Всю жизнь провалялся в Германии, или где там... Все не мог решить, как писать «узурпатор», с большой или с маленькой. Это же надо, Россия — сексуально отсталая страна... Да русские женщины до революции были лучшими в мире!

— То-то и оно. Ох, *не* даром славится русская красавица... Пол стоит денег. В метро с работы, сама уже на ногах не стоит, а сексапилу выше головы. А как студенточек наших с голым брюхом да в юбчонках короче трусов греки на границах разворачивали? Зато хлебом не корми, дай политкорректности подол задрать: «Ха-ха-ха! На Западе что у мужчин снаружи, то у женщин внутри — вот, по-ихнему, и вся разница, ха-ха-ха! Равенство полов». Дескать упаси нас Боже от такого равенства. Ну и получай на чай, говоря твоими словами. Получили то равенство, которого заслуживали. А ведь эсеры когда еще выступали за оплодотворение, чтоб, боже сохрани, не выводить всех насильственно в тираж. Нет, это не для нас. Теперь на эсеров все валят — врут, сами за собой сжигали мосты. Как в семнадцатом, когда подпирали дверь, прежде чем подпалиться. В смысле в семнадцатом веке. Дикари.

— Караул! Дикарями извращены идеалы сексуальной революции! Под знаменем Такоготовича-Виктоши — назад в светлое будущее! Глистов ему мало изваяли.

— Очень смешно.

— Я не виноват, что у тебя с юмором плохо.

— У меня? Да меня за анекдот в Сыктывкар сослали.

— Извини. Обидели Такоготовича. А он нам добра желал.

— Добра. В «Фашизме и наоборот» только яйцеклетка упоминается.

— Автор поспешил родиться. Знал бы о клонировании, руками и ногами был бы за. Вульгарный механицист, готовый утилизовать все живое, вот кто такой твой Такойтович.

— Ну, ладно.

— Если только его вообще было.

— Ладно, слышали. И Шекспира не было. И Гомера не было. И Иисуса Христа не было.

— Вот уж кого точно не было. Это апостол Павел все выдумал, чтобы этрусских язычников в иудейство совратить.

— А Такойтович — плод воображения Виктоши.

— И Виктоши твоей не было.

— Начнем с того, что Виктоша — мужик.

— Элементарная баба.

— А я говорю, элементарный мужик.

— Мужчина никогда не скажет: «Срать, рожать нельзя терпеть». Откуда ему знать? У Такоготовича с Виктошей были межполовые отношения.

— А я тебе говорю, что половые. Такойтович был нормальный гом. Он же об этом прямо писал. А то с чего бы после революции им всем на руководящих постах оказаться? Хотели даже сохранить только однополое либидо. Почему Тамбовское восстание вспыхнуло? Почитай «Чевенгур». И потом, мамочка, женщина никогда бы не сказала, что срать и рожать — одно и то же, никогда бы своего ребенка не сравнила...

— Евно ты собачье, ты же сам говоришь, что их не было.

— А это уже неважно. По результатам жизни — были. Кто-то же «Фашизм» написал...«Красота —

это бессмертие на вкус». Ну, такой бред. Темнил как мог, заметал следы отсутствия всякого присутствия. Заметай не заметай, все равно получалось, что Бог — это лох, сотворивший Такоготовича по своему образу и подобию. А от себя не уйдешь.

— И Гераклит писал темно. По-твоему, тоже темнил?

— Гераклита, каюсь, не читал, в отличие от некоторых. А вот за «Фашизмом» сиживали. И вслух зачитывали — всем КБ. И одно я понял тогда твердо: когда горят мосты, переправляются вброд. Я в ваши игрушки, равнополые товарищи, не играю.

— И чтоб все стало как раньше...

— Да, чтоб все стало как раньше.

— Когда жрать было нечего, когда в космос на собаках летали, когда девять месяцев в году животом мучались, прежде чем разродиться...

— Тихо, стучат!..

«Стучат» — это анахронизм. А на самом деле давно уже был проведен звоночек.

«СОЖЖЕННЫЕ МОСТЫ»

Они еще только горели — в фильме, который шел в Доме кино им. Первой Транссексуализации. Монументальное двухсерийное кинополотно по мотивам «Антисексуальной гвардии». Сами знаете, что за роман — роман-мазок! Если и анализировать, то лишь под микроскопом, а тут телескоп, такойтович вас разэтак! Одно слово «киношники».

Киношок — массовая транссексуализация пленных в Новороссийской бухте. Да и не только это «берет за живое и наотмашь бьет по нему» (кинокритик Е.Саул). Помните, как горстка антисексуалов, прижатых нашими к прибою морскому, уходит, подобно тридцати витязям прекрасным, в воды — с саксаулом во главе. Лишь один по малодушию бежит назад, готовый поступиться смыслом жизни ради бессмысленного ее продления — не в нашем, в их понимании. Вся сцена прописана с восхищением, на какое только способен художник, в своего полового врага влюбленный. Можно возразить, что факты эти широко известны. Но кому? На каком языке? Языком кино они поведаны впервые, зна-

менитая же цикада поет заливается — в каждом
ДК, перед каждым сеансом, под звук секстета и
хруст вафельного стаканчика — что «из всех
языков самым доходчивым до нас является язык
кино». Фильм, где сделана заявка на граждан-
ское мужество, есть род беспроигрышной лоте-
реи. Как интеллектуальный бестселлер, в котором какую-нибудь аллюзию себе на радость
отыщет всякий. То же самое здесь: хоть одна
реплика да покажется зрителям отчаянно сме-
лой, и будут они ее потом десять лет обсасывать.
А в «Горящих мостах» этих реплик и сцен всяко
больше, чем праведников в Содоме. Вот Анук Леваян, ушедшая в сексуальную революцию дочь
первого секретаря обкома Левона Давидовича,
спорит с отцом. «Вы, эсеры, — говорит ей Левон Давидович, — всех гомосексуалистами хотите
сделать. А по мне они как гадины... тьфу! Раздавить хочется». — «Папа, во-первых, это предрас-
судок — так относиться к рептилиям. Во-вторых,
я не сексуал-революционерка, а сексуал-демок-
ратка, большая разница. Наша цель — не биологическая перестройка мира, а психологическая
переориентация человечества в рамках уже сло-
жившегося миропорядка. *Все как было, так и останется*». Курсив не наш — зала, который при
этих словах разражался аплодисментами: «Слышали? Все как было, так и осталось, отменить
пол возможно только на бумаге». (Со стороны-
то себя не видишь.)

Жизнь Анук обрывается в самый интересный
момент: предательски оплодотворенная правым
эсером, оставленная без аборта родным отцом в

согласии с ложными идеалами материнства, она умирает после выкидыша. Последние ее слова: «В этой жизни понимать не фокус, скрыть, что ты понимаешь, — это, папочка, намного трудней». Поздно к Левону Давидовичу приходит половая зрелость: он прозрел то, что не смогла донести до него дочь. В одночасье психологическая ориентация у человека сменилась на противоположную: «Пол — это смерть... Зачатый в смерти уже в миг своего рождения обречен... Половая глобализация — это есть наш последний шаг к бессмертию, на пороге которого сегодня в нерешительности застыл род людской... Так беги же скорей туда, где, судя по голосам, стоят существа, подобные тебе...» (глуховатый голос за кадром предательски читает вслух его мысли, те самые, которым в романе — с неукоснительным при этом соблюдением всех знаков препинания: запятая, тире — сопутствует авторское: «Подумал Левон Давидович», или: «Подумал про себя Левон Давидович»).

И как следствие этого предательства второй секретарь обкома — антисексуальный маньяк, завзятый бабник, альпинист (сейчас узнаем, почему альпинист) — уже притаился под лестницей с ледорубом в руках. Шатаясь, Леваян шепчет с предсмертным свистом: «Плетью обуха не перешибешь». — «Но, по крайней мере, согреешься», — смех в темноте.

Примерить на себя это торжество непримиримости кому только не хотелось. На словах, понятно. Эхо стояло, как в Панкийском ущелье — к месту, не к месту, все повторяли: «Плетью обуха не перешибешь, но, по крайней мере, согреешься». То, что этот поборник полового права с ледорубом под полою угробил еще и некую Лизавету, случайную свидетельницу, не лишает его «премии зрительских симпатий»: а ты, дура, не лезь.

Баланс добра и зла вынуждал вторым браком женить покойного Левона Давидовича на сексуально ограниченной блондинке, запоминавшейся благодаря максиме: «Выслушай мужа и сделай по-своему. Народная мудрость». Что тоже повторялось поголовно всеми — обязательно с указанием источника: «народная мудрость». А то не так смешно.

Даже четырехчасовой киноэпопее не поспеть за всеми хитросплетениями эпического романа, где прослеживаются десятки человеческих судеб, где дворник Хозарка оказывается мудрей создателя биометрической лингвистики профессора Стучкиса. Поэтому вполне извинительно, что образ первой жены Леваяна, по сравнению с романным, получился не столь уж выпуклым. От этой пышнотелой дамочки, с годами ставшей типичной женской разновидностью полового монстра, в фильме осталось разве что несколько плоских моментов. Вот в первых кадрах она делится своим отрицательным жизненным опытом с дочерью, тогда еще не вступившей в ряды полпартии и мучительно себя искавшей:

— Не гони лошадей, Ануш, не будь как я. Потерпи десять лет, погуляй. Пока мадам Стучкис не стукнет за сорок пять. Она жена ему через детей. Манана с Петькой станут взрослыми, тут и бери Яниса Викторовича за зебры. Тебе тридцать три, ему пятьдесят, впереди приличный срок. Родишь. Сколько бы тебе ни исполнилось, для него все равно будешь молодой. Мать худого не посоветует. Второй жене всегда лучше, чем первой. Овдоветь — это не быть брошенной. Смеется тот, кто смеется последний.

(Экзаменационный билет номер тринадцать, «От "цвайкиндерсистем" к "цвайфамилиен" системе» — если верить Коляну или Вовану — счастливый.)

На первый взгляд все левацкие закидоны в фильме свалены в одну мусорную кучу под табличкой «левые эсеры». Комар носа не подточит. Но сексуал-революционная фраза на всех одна. Это позволяло желающим перекладывать оную кучу с одной больной головы на другую. И таких желающих кинозалы не вмещали: когда исторический гардероб насчитывает по сорок одежек, напяленных друг на дружку, то неизбежно, разоблачая одно вранье, обнажаешь другое. Что приятно. Иди знай, чьей там изначально была идея тиражирования гермафродитов — была такая, из песни слова не выкинешь, а из похабной и подавно. Думали вывести принципиально новое человеческое существо, так называемого «гомосексикуса». Не вышло: с массовым рассексуаливанием мужика, двумя руками державшегося за яйцеклетку, раз и навсегда пала боеспособность армии. А тут армия гермафродитов на нашу голову. Пришлось «взять курс на создание равнополого общества», пообещав, что это «всерьез и надолго». Планы по ускорению перманентной перестройки человечества приписали коварству бывшего сексуального партнера по коалиции.

В романе позиция церкви — пятая балетная: автору «Антисексуальной гвардии» хотелось накормить пятью хлебами и ваших и наших. На экране все свелось лишь к крылатой, нет, шестикрылой фразе понтифика (его играет знаменитое Раневски): «Каков стол, таков и приход. Каков приход, таков и стул». В романе есть сцена, где атеист «Штучкис» обличает главу обновленчества: «Отче наш готов сохранить учреждение под названием "церковь" ценою разрушения церкви. Где же ваша вера, почему вы не соблюдаете заповеди?» Архиерей — или по-новому, понтифик — отвечает: «Почтеннейший Янис Викторович, вера тут ни при чем, все дело в кнуте. Когда в церковь загоняли кнутом, когда любое неповиновение было смерти подобно, священство блюло заповеди, не боясь, что паства разбежится».

Обновленцы провозгласили непорочное зачатие первым клонированием в истории человечества. Сразу переосмысливалась роль Пречистой Девы во всей этой св. Истории. Идея самоклонирования Бога Отца представляла в неожиданном свете основной догмат веры. Взгляд на него теперь был созвучен современным гипотезам, позволявшим церкви шагать в ногу с наукой, когда она устами своих физиков-мизиков усматривала на Туринской плащанице след термоядерной реакции. Под развесистой плащаницей всегда взгляды созвучны, а уста зрячи.

Новый сексуальный порядок не остался в долгу перед церковью. «Лучше жениться, чем сгорать от желания» (Melius est enim nubere quam uri) прозвучало аргументом в пользу свободного либидо, от которого энтузиасты скопчества и прочие «гулёны» из общества «Долой стыд» хотели избавить всех скопом. «Зачем, — в один голос восклицали как сторонники, так и противники этой меры, и в унисон поясняли, — зачем, когда, перестав служить делу размножения, либидо отомрет само собой?» Почетное членство апостола Павла в полпартии положило лжедискуссии конец.

То, что положительных героев постоянно мучило сомнение в своей положительности («На той ли я стороне?»), было в них положительней всего. Свои сомнения они формулировали куда убедительней, чем потом их опровергала «сама жизнь» — то бишь сюжетный поворот, «бог из машины», в которого решительно никто более не верил, включая самое инквизицию, требовавшую тем не менее соблюдения проформы, благо с нее всегда идут какие-то отчисления. Это как авторские.

Для гарантированного оживляжа своей киношки киношники иронически разыграли гримасы быта первых послереволюционных лет. Тогда избушка комически припадала на левую ногу. Мастера рипарографии, поздней помещенные фельетонистом на задний двор Апраксина двора, вовсю еще правили бал. И в умах царила такая сумятица, что даже не ведали, как обращаться друг к другу: привычных «мужчину» и «женщину» ликвидировали, нейтральное «человек» многим почему-то казалось обидным. «Внеполовое»? «Бесполое»? «Равнополое»? «Челаэк!» — кричит в трактире кто-то из бывших людей. «Гражданин половой», — с достоинством поправляет его личность в белом фартуке до пола. Зал покатывается со смеху. Там же некий писатель-конформал, не зная, как сексуально угодить начальству, называет свою книгу «Червь — не пресмыкающееся». — «А какое?» — начальство крутит носом. «Тогда, быть может, "Взвихренный червь"?» — «Назвали б уж сразу "Унесенные ветром" — и сушили б сухари». — «Почему?» — холодеет бывшим причинным местом писатель. «Куда ветром уносит?» — «В эмиграцию...» — писателю уже мерещатся Соловушки. В последнем ужасе он шепчет: «"Червь — это звучит гордо"». Название принято.

И еще много мелькало такого — в кино все вообще мелькает, — о чем недавно и помыслить не могли. Конечно, при этом нам от пуза дают насмотреться на прилавки, по которым вытаращенным шаром хоть покати. Ничего не нашаришь взглядом. Словом, дореволюционные прелести. Но что они в сравнении с одним-единственным *несчастьем*, которое мы потеряли: смотришь на мужчин и женщин времен оплодотворения яйцеклетки, и сразу возникает вкус к жизни, который не заешь никакими новейшими яствами.

КОГДА РАЗВОДЯТ МОСТЫ? ОТВЕЧАЕМ: НОЧНОЕ ВРЕМЯ ДНЯ СОЗДАЕТ НАИБОЛЕЕ БЛАГОПРИЯТНЫЕ УСЛОВИЯ ДЛЯ ИХ РАЗВЕДЕНИЯ

У касс стояли хвосты, как до сексуальной революции. Нуль в пользу Краевичевно.

— Как из голодного края, блин.

— Может, с рук, блин?

— Безнадюга, блин.

Безнадежно шмыгает носом.

— Во-во... — Вова оптимист. — Где наша не пропадала, — хмыкает. — Под Андрусовым пропадала, в Совжопии пропадала, в этом самом, ну, Новопромысловском районе — там просто бюро находок, блин.

— Типа «чего у нас только нет», да, Вован? И яйцеклеток нет, и либидо нет.

— Ни хрена, блин, у нас нет, даже билетов...

Митяй потягивается в безалкогольном блаженстве: а все равно, блин, хорошо — гуляй, рванина! Рви когти на все пять. Расслабонь. В каждый континент запускай по коготочку. И рви. Котяра, блин.

Правильно: на экзамене блины врозь. Отгудел экзамен, и снова мы с тобой пять пальчиков у одной руки. Усталые, но счастливые.

Или не все, не все пятеро счастливы? Колян, хоть и мольто кудлатико, да обидно ему: Митридату — пять. Мутотень.

— А ты чего как неродное, Николка-Паровоз?

— Не черта то.. то... торчать здесь, — смотрит на доисторический будильник, мешающий Генштабу сморкаться. — Й... й... я пойду.

— Само? Да мы с тобой пять пальчиков...

— Пять тяпчиков-культяпчиков, — Митек (сто пятьдесят ударов секачом в минуту, лучший показатель на курсе) зажимает под мышкой голову Кудляна — вот-вот откупорит его, ставшего красным, как кагор.

— Толь, одно колено твое, другое мое.

— Да пошли вы! Козлы во... во... вонючие! Оба — мои... Во... во... вован! Ах ты, сучок... Смотри, кто идет...

Домини как раз заползало под арку — о если бы просроченной консервной банке вверху суждено было грянуть в этот миг на землю! Незаслуженно красивая смерть, но какая оправданность, драматургия какая! Каждый день, дважды на дню, ходить под часами истории. Всю жизнь — и нате вам, умереть в больнице. Уже не за горами.

Толян отпускает ноги Коляна, выпрямляется. Остальные тоже. И смотрят вслед Анно Аркадиевичевну, точно не видали никогда. Колян не подозревает о каляке у себя на спине — мелком, стыренным в лаборантской: *Кусается, но небольно*.

Вспыхивают смешки. По всей очереди вспышки. Давно уже Россия не знает очередей, кроме автоматных.

На груди у Митяя лакированный коготок та-коговичевского полсомола.

«На радостях-то, что петуха получил...» — Коля-Коля-Николя, не снести ему такого плевка. (Испытание «своих в доску» чужими успехами идет полным ходом — всегда. Но здесь имена срéзавшихся выясняются с сильным запозданием. Поначалу это «добро с кулаками», а там, глядишь, одни кулаки.)

Димитриади скашивает глаз на грудь, щека в складках:

— Жаль, у**ище не видит.

Откалывает коготок.

— А пусть догонит, очко в его пользу. А ты догони, Дим.

— О... о... очко на очко дает очко. Мо... можешь отдохнуть.

Давно уже никто их не носил — полсомольские значки. Отвязанные секретари, разве что... А так прикалывали по особым случаям.

— Козля, а может, правда, плюнем и... — жест.

— Некуда в принципе. В ДК Офицеров Флота со вчера уже билетов нет. Не идти же на «Бессмертный гарнизон».

— А что в «Бытовке» (Дом Кино Работников Быта)?

— «Меченый зародыш», ну, сколько можно смотреть.

Они порвали с очередью за бронью, осчастливив сзади стоящих. Те на полшага продвинулись к заветной цели. Наивные люди. Чтоб мишень в круглом окошке задвигалась, нужно все равно специальное удостоверение. Удостоверявший свою специальность получал голубенький, как мечта, билетик. Очередь молча грызла его глазами. Может, не одного сглазила.

— Гоша новый год! Да сегодня в «Титане» — «Фауст по-венгерски»!

— А попадем?

Не попали, блин. Какое там... Мадонна-Марадона! Езус-Мария Брандауэр! Про фашистов и артистов. Дом Кино Проводников Дальнего Следования (в обиходе «Титан») — в июньском небе зло поблескивают блеклые неоновые прутики, складываясь в фигу.

К похоронам ночи, отмечавшимся выпускниками двадцать второго июня, подходит черная рамка. Да ведают потомки православных: не все белое в жизни — сахар. Похоронный мажор белых ночей завораживает допризывников единого пола, которые в несметных количествах маются дурью на набережных.

Наскребли на «Блинную» (по-старому, «Лягушатник»), чтоб дальше выскребать металлом металл, до последнего поскребыша. Сделали заказ: Колька — пятьдесят грамм сливочного, пятьдесят черносмородинного с сиропом; Толик — пятьдесят шоколадного, пятьдесят сливочного без сиропа; Володька («А с изюмом есть?» — «Не бывает») — пятьдесят сливочного, пятьдесят крем-брюле без сиропа... («Нет-нет, передумал! С сиропом!»); Димыч — сто сливочного с сиропом. «И три по сто шампанского». — «Кисло-сладкое будем пить?»

Полусухое, соединяясь с мороженым, превращалось во рту в напиток повышенной шипучести. Когда спрашивали у Скарлатини: «А на вкус оно вроде чего?», то в ответ слышали: «Вроде Володи, полубелого с маслом». Милейшее существо это Алессандро Домениковичевно. Всеобщий голубчик.

Первые миллилитры поглощались безмолвно. Каждый смаковал на свой манер: проводил ложечкой шершавую борозду поверху или снизу тихой сапой двигался к центру. Но при всем многообразии способов себя услаждать наши вкусы сводимы к общему знаменателю — иначе практика наслаждений превратила бы землю в ад по имени Чикатило. Общим языком у трех вазочек было сливочное.

Учите, люди, английский! Грузины, учите русский!

— Минтяй, а правда, как ты — на петуха-то, блин? Вон Кудлач и то, блин, на четвереньках. Да, Кудлян?

Открыл Димитриади рот — но петух такой вкусный, что язык можно проглотить.

— А я вам говорю, правоверные, Митрофанушке пятерка — это уже издевается старое кобло.

Обидное говорит. Димитриади помалкивает. Будешь помалкивать, когда предпочитаешь выдавать подлинник за фальшивку. Сохранности ради. Колян, тот и вовсе затаился: «Не будите во мне зверя», — шутит зверь.

— Демонстративный плевок. Ненавидит приготовителей.

— А за ч... ч... то ему нас любить? «Чу... ужой лавровый лист дурной голове покоя не дает», Сандро право.

Рассчитываются серебром с медью вперемешку. Теперь слоняться? Скучно им. Всем им. Племя молодое, незнакомое, в долг не отпустят. За душой же ничего, опять дядя, значит, заплатит, благо он самых честных правил. И жуют они «Онегина», чтоб не так черёвником воняло. Опять же «на брегах»... Где, может быть, клонированы и вы, читатель? И бить, в виду мостов, воздетых к небесам, бить по гитаре, как по морде: «Идет охота — на волков!» А чуть ниже по течению эти самые волки воют — мордами в белые ночи: «Мы все умрем на той Гражданской!» Шины у тех и у других хорошо подкачаны кисло-сладким.

Выйдя из мороженицы, попали в поток выходивших с последнего сеанса первой серии «Мостов». Прикажете завидовать уже посмотревшим — молчаливым, понурым?

Посмотри ты сегодня, а я завтра.

ПЕРЕБРАВ ПОЖЕЛТЕВШИЕ КАРТОЧКИ, Я НА ПАМЯТЬ ОСТАВИЛО ВСЕ

Кто говорит: змий прямоходящ по природе своей? Да он летящ! Кто говорит, что в раю сороконожка гарцует на своих двоих, прозываясь сорокоручкой? Она — порхает! Бабочка — это вознесшаяся гусеница.

Анно Аркадиевичевно Домини парит, танцует в воздухе, как бодисатвы. От привычных старческих вздохов не осталось и помину. А со стороны даже не скажешь — тащится на своих раздутеньких.

В «Антисексуальной гвардии», трусливом бюргерском романе, который сейчас реанимируют в кино, одно из лиц, академик, светило в ермолке, обвинено во вредительстве. И кем — дворником. Его судьбу разделяет Скарлатини Алессандро Доминиковичевно, оно же «Голубчик», оно же «Сандро», кислых щей профессор... нет, кислых щей отравитель! Распни его!

Голос обвинителя — голос народа. Как же мне, Домини, не порхать в ожидании крестных мук отступника?

Но ежели скажете: нет, не танцевало Домини, не скакало и не кувыркалось в ликовании сердца своего, а тащилось, с виду полуживое, то отчего же тогда все в глазах у него прыгало? Вприсядку пошел Зимний: то становился на попа, то хлопался навзничь. Прямо по курсу бруниевский змий скакал на своей скалке. Барабану судьбы (над головой) передавалась поминутно дрожь барабанных стрелочек (мало того, что мелькало в глазах — шум в ушах стоял такой, хоть со святыми упокой).

Счастье! Подобно Элоим, оно не знает единственного числа, коль скоро каждый представляет его себе по-своему. Для фашистской нечисти оно — живот на живот, и срывай цветы удовольствия. Для всяких там всхлюпиков счастье — это когда тебя понимают (и в рев...). Но для тех, кто вкусил от древа познания, счастье — это когда *ты* понимаешь. Через змеиный яд да яблочный спас, в суровое утро века, в его седую рвань пришло к Домини счастье понимания. Как некий мужичок, что пляшет трепака со смертью, будет Анно Аркадиевичевно отплясывать «яблочко» — до тех пор, пока не обрящет бессмертия, без вкуса, без запаха, без цвета. Ну, погодите, Алессандро Домениковичевно... Любите ходить на фильмы с подтекстом, а дворника-то и не приметили? Гастрономы французской любви — а сало русское едят? Как выметут вас сейчас поганой метлой из РГГУ!

Дворницкие замашки — вторая натура. Было б кому сорить — что выметать, всегда найдется. На собственном примере в этом убеждаешься. В юности сексуально восторженное Домини наделало немало глупостей. Поздней, в Чапеке (половая чрезвычайка, она же полком), ему это припомнили — когда окончательно отказались от идеи ускоренного выведения гомосексикуса, нового существа, о создании которого сгоряча было объявлено в программке-максимум. Домини, пассивно сотрудничавшего с «гомосексиками», как водится, опустили: из «зама» в Смольном сделали простым преподавателем истории будущего. Опущенные, все как один, становятся потом цепными псами идеологии и одновременно ее учеными котами.

Жилье Домини смотрело окнами в колодец, каких в городе сотни: снаружи фирменный прикид — не то Черутти, не то Растрелли, — а с исподу двор, что когда-нибудь наполнится хлябями по самые крыши. Но и в свете этой перспективы пресловутый квартирный вопрос сохранял для жильцов свою остроту. Покуда не открылось, что в самом вопросе заложен ответ... Нет, не понимаете. Что вопрос — это лучший ответ, знали еще в Одессе в девятьсот седьмом году. Но речь идет о решении одного вопроса посредством постановки другого вопроса. Количество мест на полке таково, что ставишь жилищный вопрос — снимаешь продовольственный и т.д. Скажем, ставишь еврейский вопрос — сразу снимаешь жилищный. Затем на его место ставишь еще какой-нибудь, допустим, женский. И так можно решать вопросы до бесконечности. Собственно, так их и решают.

Все чувственно постигаемое Домини безразлично. Поэтому страшно даже вообразить себе его берлогу — ту малую емкость, куда заключен великий дух в нерабочие часы, а также по выходным и праздничным дням. Зато при малейшем дуновении Анно Аркадиевичевно взмывает, кружится, наполняются алые паруса черт те чем. Одна беда: безветрие, хроническое безветрие, от которого родится извечная наша депрессуха, ошибочно принимая за лень. Неленив он, равнополый человек, просто не охотник до малых радостей, а великих в жизни раз-два и обчелся. Вот и скучно ему, и грустно, и некому морду набить. Но сто́ит такой возможности даже отдаленно наметиться, как его не узнать: счастлив без всякой меры, убедит себя невесть в чем и, уже глядишь, строит на песке воздушные замки всеобщего мордобития.

Пригласительный билет на собственное заклание (с пометкой «явка обязательна») — часть церемониала. Следовать церемониалу надлежит неукоснительно, иначе будет как с тем супом с картошкой: по́вара же и убьют столовой ложкой. Который все это заварил. Поэтому повар должен быть начеку. Анно Аркадиевичевно владело набором заклинаний, вдобавок годы сидения за письменным столом в окружении пяти телефонов научили паре-другой приемчиков. Например, кто в действительности кричит «режут!» — когда режут? А уж полицмейстер — усы параграфом — тут как тут: икорка, понимаем... ах вот оно что, группа учащихся обращается в сексуальную инстанцию среднего пальца с жалобой: их учат тому, чему... сами с усами, понимаем-с... и водочки-с... Не дать делу ход после такой закуси может только самоубийца. Следующая по старшинству — коллегия большого пальца. Там тоже смертные, тоже страшатся обвинений в преступном сговоре. И над ними есть десница. Опускается, правда, эта десница не сама собой, а по велению совести. Но совести чужой, которая — потемки. Так бывало при грозных иванах, не помнящих родства. Так бывало при мрачных аидах, свою генеалогию не только не забывших, но... лучше не говорить. Так будет и впредь. Любой историк будущего вам это скажет. Отцветут вакации, возвратятся в свои домовины юные дракулы, и такая заварится каша...

В предвкушении трапезы Домини не ест, не пьет, боится перебить себе аппетит, но счастья — полный унисекс. Даром, что каков приход, таков и стул (Раневски в «Антисексуальной гвардии»). Интересно, отчего кино сие — мерзость перед лицом Домини? Ремейк времени его больших ожиданий? Враги там — краса и честь нации? Среди полсомольцев-добровольцев, готовых умереть за сексуальное дело, полно придурков? А может, виной тому «попытка честно во всем разобраться», услужливая, как хо́дя в надежде на чаевые?

Есть вопросы-дамы — приятные во всех отношениях, главным образом благодаря злорадным ответам на каждый из них.

Ничего не сбылось, ни одно из больших ожиданий того времени. С малыми и вовсе катастрофа — всяк претерпел. Из малых сих — всяк. Мы потираем руки, а посрамленное Домини отворачивается, как беспалый творец от творения рук своих. Когда бы у нас не было причин злорадствовать, у него не было бы причин скрывать от нас мавзолей своей памяти. Разглядывайте себе с превеликим почтением каждый ее нетленный экспонат.

Для Домини «честно во всем разобраться» и при этом невинность соблюсти — то же примерно, что попытаться ввести моду на горячее или на соленое в отсутствие дефицита на спички и соль. («Хо́дя, насыпь на хвост соли!» — кричали в его время мальчишки, развязывая китайцам бантики на косичках). Легче всего развенчать мечты о новой земле и новых небесах, намалевав на заднике эпохи сонмы тварей дрожащих, не понимавших, какое время они переживают. Ибо кто понимал, те не пережили. Эти гордые красивые люди навсегда остались в гордом красивом времени. Уж они-то готовили для других, а не как теперь: сами приготовят, сами съедят. Урицкий... много он в своей жизни съел? Канегиссер лишил его права на жизнь и за это был лишен прав человека на двадцать лет. Убитый в своем последнем слове просил сохранить жизнь стрелявшему.

Сколько Анно потом дежурило у его тела — столько через выбитые окна доносилось однозвучное:

> Сколько я ночек промаялась, все твоею
>   божбой утешаючись...

Это несметная толпа выла-пела о себе. Сорок дней и сорок ночей с хоругвями, без папах, при минус тридцати, в клубах пара, как на перроне, простояла на площади эта толпа провожающих. В последний путь.

Хранятся у Домини и газетные вырезки разной величины и конфигурации. Большинство из них почему-то так или иначе воспроизводит ход конем, всё помещенное на обороте — статьи, объявления, снимки — подвергнуто четвертованию. Самая большая вырезка, сложенная вдвое — выступление рвнпл. (имя тщательно вымарано) на слете молодых «гомосексиков»:

«Вопрос стоит так: половое равенство или бытовое либидо? Когда говорят, что между тем и другим нет антагонистического противоречия, нас сознательно обманывают. Когда говорят, что без оплодотворения — это как выпить стакан воды, нас тем более обманывают. (Шум, аплодисменты.) С оплодотворением или без, половые контакты все равно будут регламентироваться нормами прежней морали. (Крики: "Правильно!", голоса с места: "Но внутриполовые же нет?") Сегодня они внутриполовые, завтра межполовые. Разве не в раю наше будущее? Не среди тех блаженных, что не ведали связи между деторождением и соитием? (Крики: "Истинно! Среди них!") Так выкорчуем же пол не на словах, а на деле! (Взрыв аплодисментов. Возгласы: "Семя долой! Семя — это смерть! Да здравствует бесполый Творец! Да здравствует непорочное зачатие!" Все присутствующие встают и поют "Ave Maria" Шуберта)».

От всего этого Анно Аркадиевичевну пришлось отречься во спасение. Другим и отречение не помогло.

— А все-таки она вертится... Клянусь Логом, вертится...

Несчастнейшее существо. Всю жизнь вздыхает, всю жизнь — как зверь в клетке. Но попробуй войди в клетку — разорвет на месте. Так что лучше не приближаться и не жалеть.

Сохранилось персональное приглашение на выставку экскременталистов-графиков... Кажется, было весело.

«Вернисаж!!! Вернисаж!!!

Премногоуважаемое рвнпл. Домини!

ВСМУЗХ им. Соса Пергамского имеет честь зазвать Вас на открытие выставки членов нашего творческого объединения (секция графики). После торжественной презентации Вас ожидает буфет. Надеемся, Вы не побрезгуете нашим угощением».

Нынче заново открывают русский авангард. «Ах! Ах! Ах!» — как будто хулиган с шилом обошел все четыре колеса. Да вас еще на свете не было, когда Анно Домини посещало выставки и концерты экскременталистов. Одно время очень даже увлекалось, хотя трясунами больше. Помнится, был такой стишок:

> Север, нюх, восток и запах,
> Ходит змий на задних лапах.

В «Бане» Аристофана, где наш мир увиден глазами инопланетянина, приводится такой, с его точки зрения, парадокс: люди моются в бане, люди замазывают специальным веществом поры тела, только бы не нюхать его испарений. Не проще ли было бы раз и навсегда отрешить себя от атавистического свойства различать запахи.

— Ложе мой! А это я в трусах и майке...

ЗАЧЕМ ВЫ, ДЕВУШКИ, КРАСИВЫХ ЛЮБИТЕ, У НИХ РАБОТА НЕПОСТОЯННАЯ

Церковь в Очертаново в точности как на коробочке «Рахат-лукум». До Очертаново из Дачное педиком десять минут лету. С Павком они это проделывали не раз. Церковь была имени Лазаря, поэтому в ней очень красиво пели.

— А если бы имени Конника Георгия, тогда бы что в ней делали? — допытывалось Елизавет Викториевичевно.

Уже давно Живая Церковь объявила чудо Георгия о змие выдумкой, а самого чудодея лишила звания святого. Елизавет Викториевичевно могло показывать этому рыцарю нос, не рискуя получить копьем в пасть.

Еще в церкви в Очертаново висят прелестные картинки. Краски на них будут понежней, чем на китайских тазиках. Жрец, в золоте с головы до ног, употребляет в своих ариях слова «он», «она». Странно, что кто-то еще делает это, кроме них с Пашой. При всех. Даже неловко.

За «матрешку» (три рубля с изображением первого лица в государстве) покупали свечу и, прикурив от зажженной, вставляли в мундштучок под картинку, чтобы на нее падало больше света. Любовались подолгу, некоторые даже в восторге шептали что-то, а рукой чертили «север, юг, восток и запад». Юляко тоже стало чертить, неслышно приговаривая:

> Север, юг, восток и запад,
> Манька с Ванькой едет задом,
> На Полтавской им сходить,
> Все равно тебе водить.

— Быстро насобачилось, — говорит Пава. — Хочешь знать, из-за чего немцы воевали с нами, начиная с псов-рыцарей? У них запад раньше, чем восток. Сперва в эту грудь, потом в эту. А мы — нет, у нас свой порядок грудей, нам восток важнее.

— И из-за этого воевать?

— А еще спорный вопрос, — показывает на портрет, — она тоже была клонирована, или только ребенок?

Гм! И Юльчик выступало на елке в золотом кокошнике. Давно, в четвертом классе...

— Все равно глупо.

А что, скажите, не глупо? Хвастаться чужим «Орленком» как своим, не глупо было? Капитан «Орленка»... Получай — на чай. (Последнее — голосом Краевичевно. Это же надо, так задрать седло «Ласточке», втроем потом опустить не могли.)

В день приезда Светки Пашечка проспит все на свете. Проснется — тридцать восемь температура! Полночи на кладбище играли в «него» и в «нее». Вот и простудился на камне могильном.

Сопливого капитана пошли навестить вдвоем.

— У меня тоже была дикая простуда, а сейчас все прошло, хоть в Гурзуф возвращайся, — начинает выпендриваться Светляк.

— А чего за тридевять земель киселя хлебать-то, — говорит Павкино родимое. — У нас тоже пляж, тоже купаются.

«Это не то», — хотело возразить Юлик, но Светлан соглашается:

— Надо попробовать.

Что ж, профессиональный повар.

Юлио с Пашом уговорились сгонять в Очертаново, когда Пши поправится. В воскресенье в Очертанове праздник Яблочного Спаса. Сидит Юляш дома, ждет. Уже тремя котлетами подавилось — насильственное питание, как в политизоляторе.

— Ты хочешь, чтобы меня вырвало?

Паши все нет.

Поглядывает на кухонные ходики, с которыми вместе кукует. В одиннадцатом часу прибегает на Цветочную, 10.

— А Пашка со Светиком еще в девять укатили.

— В очертановскую церковь? — Юлька растерянно захлопало в ресницы, кропя себя слезами. — Но... у Светика же нет педика.

— А на раме. Да не реви ты, Господи. Наездишься. Пойми ты, ему лучше со Светиком. У тебя небось еще и месячных нет.

Юлька — очертя голову на «Ласточку», но меньше чем с полдороги возвращается. Червь — это звучит гордо. Нарыдалось вдрызг у себя под подушкой.

Празднование Яблочного Спаса рисовалось чем-то вроде школьной постановки, которую пятые и шестые классы подготовили на Восьмое марта, международный день Грехопадения. Юлия изображало в ней мировой Логос — сидело мрачно. Только когда Бог, этакий нэбох с двумя левыми руками — в двух левых хирургических перчатках — говорит первому на земле человеку: «Зачем ты яблоко покушал, теперь на каторгу пойдешь», Юлька должно встать и простереть руку над несчастным. Дальнейшая история рода человеческого представлена живыми картинами, одна страшнее другой. Но кончится все хорошо: нашелся герой, который всех спас от яблочного проклятия — пожертвовал своей жизнью «во спасение языцев» (и каждый себе представляет что хочет, вплоть до заливного с хреном).

Юл огрызается на попытки Елизавет Викториевичевна отвлечь свое внучато всякими птушками-полушками. Стреляный Воробец понимает гораздо больше, чем делает вид.

— Яблоки-то зеленые. Наедятся они их, у твоего Семицветика живот схватит, еще к доктору побежит. Уж поверь дедо-всеведо. Котлетку съесть — не в поле сесть.

— Замолчи! Не хочу! Где мой рюкзак? Хочу домой, к родимому... — у Марио Елизаветовичевна в это воскресенье было дежурство в Кащенко.

— Знаешь, — сказало Елизавет Викториевичевно, — ты в меня не швыряйся, пожалуйста. Езжай на все четыре стороны.

На самом деле Евно сегодня в городе. Шутит: партактив у него. В каждой шутке лишь доля утки. Недаром говорится: обманешь — не соврешь. Юльхен хочет домой, пусть съездит. Помню, я еще *либёдушкой* росла, тогда сердечны раны врачевались далеким плаванием. А тут тридцать минут на электричке — и город встает из-за правого борта. Бедное дитя! Такое маленькое и уже такое чувствительное. Что же с ним дальше-то будет? А Евно хитрое, черт.

— Езжай, только спасибо скажу. Узнаю наконец, за кого Чара замуж выйдет, за Властелина Колец Сатурна или за Александра со Звезды Оз. Можешь хоть полный рюкзак котлетами набить. Они мне не нужны, мне от вас ни от кого ничего не надо. Родимое твое велело на него не рассчитывать, Евнычевно, как всегда, какой-нибудь дряни наестся, ему плевать, что мне потом его же и выхаживать. Езжай, ты же только о себе думаешь. Разоралося, расшвырялося... Биг дил. Светик игру ему портит. В мячик всегда много народу играет, чем больше, тем веселей.

И так заморочило ребенку голову, что тот надумал свести что-нибудь поесть родимому и любимому — сущим, однако, разноадресно. Местожительство родимого совпадает с Юлькиным. До любимого ехать было с пересадкой: на метро до Лодейного Поля, там кольцо девяносто седьмого троллейбуса, сесть на него и выйти на третьей остановке после Гузнорыщенского полсовета, идти дальше по движению троллейбуса — первая, вторая, третья, четвертая, пятая, шестая... седьмая улица будет Космонавта Волкова, на нее свернуть, и третий дом по левой стороне, на нем большая надпись «Колготки оптом», во дворе под аркой парадная со ступенечкой, подняться на четвертый этаж, если звонок не работает, стучать со всей силы в дверь. Это дверь любимого. На стенах будут написаны всякие глупости, так ты уже большое.

Бабован-дедован объясняло с виду неохотно, тем не менее обстоятельно. Последнее не помешало Юлькуну заблудиться в трех соснах. Оно промахнуло этого несчастного космонавта и брело в ожидании нужной вывески, дурочка, пока не стемнело. Окна стали загораться по одному, по два — всеми оттенками фруктового мармелада. И надкусывали его, должно быть, счастливые и даже не очень равнополые люди.

Наконец Юлька остановило какого-то прохожего:

— Вы не подскажете, где здесь «Колготки оптом»?

Прохожее смерило Юльку взглядом и резонно спросило:

— А зачем тебе?

В общем, колготки нашлись.

На завонявшейся лестнице горел свет. Обещанные Елизавет Викториевичевном глупые надписи оказались одной-единственной, действительно глупой: «У Краевича усики, а у Лизунчика трусики». Ребенок был разочарован. У них на стенке лифта не такое написано. Юлька перечитывает, наверное, по сто раз в день. И ничего. Не то что некоторые, прочтут восемь раз и хвастаются.

КРАСНАЯ ШАПОЧКА, КРАСНАЯ ШАПОЧКА, Я ТЕБЯ ЛЮБЛЮ

— Да нечай Юлька? Вот кого не жаждал, не гадаждал. Эй, Серафимыч, ложная сирена, вылезай! Внучато Лизуткино. Ну, как там Али-баба и сорок котлеток? Шлет гостинец старому волку, чтоб хвост не отсох? Не дождетесь. Так я говорю, промокашечка?

Улыбка расплылась на Юлькиной физии.

Прежде чем нажать кнопку, внучато приложилось ухом промеж дверных створок. Больно не хотелось поцеловать пробой и уйти домой... А дома что, тоже чмокай воздух, родимое сегодня держурной братиной.

Нет, Краевичевно что-то читает — слышен голос. Так решает Юлька. Но оказалось, что у него гость прячется.

Евно выучилось читать лишь вслух. Но не потому, что плохо училось. Многие, рожденные сексуальной революцией, особенно первые ласточки тиража, страдали отклонениями. Если только ими не наслаждались — те, например, у кого было по десять пальцев на каждой руке: не всякому дано играть четырехручное переложение опер, не прибегая к услугам соседа. В конце концов умение читать про себя пришло к людям довольно поздно, в пятом веке. Древний мир читал исключительно вслух. Правда, этого было недостаточно, чтобы Евновичевну захотелось жить в древнем мире. Ему хотелось жить всего лишь до революции.

— Заходи, знакомься.

— Меня зовут Базилио Серафимовичевно.

Существо, вылезшее из шкафа, было вылитым Мазо, Фиделио Теодуракисапетровичевном, по прозвищу «Надо, Федя», учителем рисования будущего в специальной кулинарной школе при РГГУ. На его уроках мы учились рисовать космические корабли, космических пришельцев, жизнь в других галактиках — словом, все тридцать три удовольствия, которые нам еще предстоят.

— Я учитель математики будущего в сыктывкарской среднеарифметической районной школе для умственно передовых детей, — продолжает вылитый учитель рисования, и сразу все ясно: из одной бочки лили. — А как тебя звать?

Юля немножко смущается.

— Юльчик у нас Красная Розочка. «Красная розочка, красная розочка, я тебя люблю». Понимаешь, у Базилио Серафимовичевна сыктывкарская прописка, а здесь без регистрации. Вот и прячется.

— У вас одно лицо с одним учителем, не из нашей школы.

— Из одной колбочки лили, — говорит Евнычевно.

— Если б еще и прописка была одна, — вздыхает приезжий учитель.

Их много таких. Они шабашат месяц-полтора, по демпинговым расценкам готовя юность страны в вузы. У математика Сираго поступило семеро из пяти.

Юлька открывает рюкзак, и оттуда котлетный дух.

— Хорошо в деревне летом, пахнет сеном и котлетом, — Краевичевно дважды шлепает ладонью об ладонь, так точат нож об нож. — И это все нам?

— Нет, только половину. Вторая половина для родимого.

— Обижаешь.

— Это вы меня обижаете. Родимое что, не человек, по-вашему?

— Базилио Серафимовичевно считает, что все мы больше не люди.

— Только не надо передергивать! Прошу! — срывается вдруг на писк учитель из Сык... тык... название какое-то... для заик: тык... пык... Не то что «Миииинск», «Пиииинск», скользишь, как по дерьму. — Я говорю... — учитель совершенно вне себя, — я говорю, что в результате неумело проведенного эксперимента — подчеркиваю: неумело проведенного — нацию до такой степени обессексуалили, что запасного выхода у нее не осталось.

— Почему, очень даже умело проведенного. Чтоб назад людьми стать не смогли.

— Для тебя быть человеком значит в первую очередь быть животным... — И не давая забить ответный мяч: — Попробуй, деточка, нашей сыктывкарской пастилки белого мрамора.

Они спорят исступленно, как и подобает настоящим друзьям. Враги, те б давно разругались. Евно наперед знает, что скажет Базилио, Базилио наперед знает, что скажет Евно. Им не переубедить друг друга: не смогли этого сделать и за тридцать лет совместных споров. А горло дерут, чтоб чай было ради чего пить.

Юлька кладет себе под язык сразу три пастилки. Не из жадности — так отлепилось.

— Ты что, есть не будешь?

— Котлетку?! — Юльку передернуло на уровне плеч.

— Как хочешь, нам больше останется, чай с холодными котлетами — это самый смак, глупенькое.

Стало тихо. На полный роток накинут платок.

Юлька не понимает, чего они перед этим разгавкались, но держит сторону гостя — помятуя о «Ласточке»: так задрать ей седло... Типично Пашкино отношение.

Мало-помалу Евно с математиком из Заикина добрались до последней котлетки. Скромницей лежит она на невольничьем блюде, ждет, кто ее возьмет. Хозяин с гостем уступают друг другу право последней котлетки, не скупясь на взаимные заверения, что, дескать, уже по горло сыты. А котлетка все принимает за чистую монету и страдает — маленькая, гормонально незрелая, думает: кому я нужна! Невдомек ей, что из-за какого-то Гондураса гость с хозяином перегрызут друг другу горло, но последняя котлетка для них — что корова для индуса.

— Так и быть, я съем, — Юлька решает проявить благородство.

Соломоново решение тем пришлось бы больше по вкусу.

— Есть женщины в русских селеньях, — крякнуло Краевичевно.

— Разве что в селениях, совсем где-нибудь в глухомани.

— Неужто ты и вправду не понимаешь, что пол неистребим? Еще Махно говаривало, батько: построить бесполое общество невозможно.

— Постепенно...

— Хорошо. А зачем?

— Не валяй дурака, ты прекрасно знаешь зачем. Чтоб снова был рай на земле. Чтоб стать Божеством. Чтоб стоять над смертью.

— Должен тебя огорчить. Все помрем, как зайчики.

— Как зайчики — помрут зайчики. Небеса на земле не за горами. Преображение плоти — необратимый процесс! Это я должен тебя огорчить: сотворили, сотворили обещанного гомосексикуса... Прохожу как-то «Лягушатник». Вижу, теплая компания выскальзывает, на вид всем лет по двадцать. Вторичные половые признаки — вот как носы бывают у статуй отбиты...

— Безносые, значит... Армянская загадка: кто такие? Атвычаим...

— Да постой же! Самое интересное, одно лицо — знакомое.

— В диспансере вместе лежали?

Сираго пропускает мимо ушей.

— Из моей школы. А здесь учится на кулинарном. Ну, допустим, про Нику я еще знаю, что это за зверь, но остальные... Не разберешь, кто есть кто, клянусь Логом.

— Видишь, Юльхен, человек уже лохом клянется. Что значит ад на земле-то, — встряхивает пачку и зубами выдергивает папиросу. — Куришь?

— Что ты ребенка совращаешь?

— А я педофил, будто не знаешь. Педофил, Юлечка, это который детей действительно любит. В отличие от педагога. Не будь прародитель у нас такое уж всеведо... — напевает «Ты да я, да мы с тобой...» на мотив «Tee for two and two for tee». — От него ничего не укроется. Тут же серому волку котлетку из хвоста сделает. Что, нет, скажешь, а, красная рожечка?

— Да у тебя и так там давно котлетка. Не бойся, деточка, он только хвастается.

Рожица у Юльчука и впрямь зарделась.

— Я все равно еще гормонально не в состоянии.

— Ты?! В твои годы горы уже сворачивают.

— У меня еще даже менструации нет.

— А на что она тебе?

— А на то же, на что и Белоу Светке.

— Это у Белых ихний Светик, что ли? Ну, выступает. Представляешь, Базиль, ходит в спецгастрономшколу при РГГУ. И чему же их учат? Что наша кухня должна быть на один вкус с французской любовью. Тогда ей мировой успех обеспечен. Ну как?

— Ну да, если гора не идет к Магомету, то Магомет идет к горе. Если французская любовь не напоминает вкусом нашу кухню, приходится идти на поводу у западных инвесторов. Спрос диктует предложение.

— Да я не о том, — с досадой морща нос. — Неужто ты, Васька, и вправду не понимаешь? Гастрономическая концепция России строится на принципе национального унижения! Да чего с вами говорить... Слышишь, Юлька, когда бабулю своего увидишь, скажешь: лучше котлетки на свете нет, готов сосать до старости лет. Все, точка. Целую, Евно.

СМЕЩЕНИЕ КОРЫ ГОЛОВНОГО МОЗГА ВСЛЕДСТВИЕ ТЕКТОНИЧЕСКИХ СДВИГОВ ВЛЕВО

Осень.

— Эй, худя! В школу хочешь?

— Осень-осень, — между лопаток китайская косица с двумя огромными бантами: «розой бледной, розой чайной...».

Когда-то весенним днем первого сентября своим ходом шли мальчики и зайчики — своим ходом девочки и белочки. Но стоило нам изменить угол наклона земной оси, как времена года сместились. Из весеннего сентябрь сделался месяцем осенним.

Зайчики и белочки в замешательстве: поверх гимнастерок надеты белые фартуки. Не знавшие родов родители подталкивают стесняющихся русальчат вперед букетиками. Едва успев родиться, кто-то сейчас же состарится — станет классным старостой. Но это гражданская старость, это только приводной ремень той благодати, которой причастились звеньевые и председатель сексуального отряда класса.

Все вместе отряды образуют сексуальную дружину школы, возглавляемую отвязанным сексвожатым, с такой же, как у прочих, красной половой тряпочкой вокруг помытой шеи, что придает ему сходство с актером ТЮЗа — этаким здоровым лбом в роли зайчика.

Почему-то в этом уголке живой природы (линейка, класс, спортзал, аптечка) высшим пилотажем гигиены считается мыть шею, именно шею, а не что-то другое.

И глядит из широких, как штанина, окон запылившаяся пышнотелая листва — преддверием прощальной красы, когда улица опять позолотеет. Вначале это были щи из молодой крапивы, потом лето красное, и вот теперь деревья густо обвисли подорожником, в кроне которого нет-нет да и пробивается первая желтизна... Осенняя пора очарованья, геронтофилии волшебная гора.

На исходе второй недели нового учебного года в специальной школе для одаренных детей при РГГУ третьим уроком был урок рисования будущего. На луке грифельной доски выстроились в ряд три учебные таблицы: как будут люди рисовать через пятьдесят лет, через сто лет и через пятьсот. Больше трех зараз не помещалось: таблицы были такие огромные, что сзади клеились целиком на газетный разворот. Как-то раз Пересвет Белоу, вызвавшееся принести их из учительской, прочло на пожелтевшем исподе: «В калининградский порт с визитом дружбы прибыл германский броненосец "Граф Шпее"».

«Ё-ё-орик бедный! — присвистнуло Пересвет. — Сколько лет прошло, а будущее ни на волосок не приблизилось».

Из чего следовало, что надо жить настоящим.

Вот Светик и рисовало себе тихонько кукольные профили с миньятюрными носиками и загнутыми кверху ресницами, покуда Фиделио Теодуракисапетровичевно обстоятельно, со знанием дела объясняло, каким из далекого будущего будет рисоваться наш прекрасный и яростный зверь.

— Белоу!

Светка обеими ладонями закрывает листок — как на контрольных от Любашки, вечно норовящего списать.

— Что это у тебя, покажи.

О лажа! Когда б еще это было Мазо — но это было завуч. Сволочь, сумело неслышно прокрасться в класс, и крышки парт при этом не залаяли. Не иначе как сделало знак «сидеть».

Внезапно прерванное занятие подобно нежному сну — когда звук бьющей о рельс кувалды расплющивает его.

— Красавиц рисуем? Мещанство разводим?

— Отто Гольгеровичевно, а Светка всегда куколок рисует. Даже на контрольных.

Пересвету с перепугу не хватало только описаться. Это малое упущение, еще представится возможность его наверстать. «О Ложе, к директору...» Они спускались по лестнице вниз, Света Белоу вело завуч.

Если при мысли о кабинете завуча белый свет меркнет, то при мысли о кабинете на первом этаже страх ослепительно бел. Там стоит плаха и лежит топор. (Впрочем, там ведь никто не бывал. Полусветом, в утро своей жизни его вызывали к завучу — за то, что в кипяток вместо пельменей они вывернули пачку с мелом.)

С виду смело, хотя и зажмурившись всеми **********ью отверстиями своего тела (с некоторых пор их количество составляет государственную тайну), Светик переступает порог дирекции. Помирать — так с музыкой. Набирается последней наглости — у собственного любопытства, до конца не иссякшего.

— Будем знакомы, — не подавая руки и не вставая с топкого дивана, говорит незнакомое равнополое.

Посадочных мест в директорском кабинете на полшколы, но их занимают согласно купленным билетам. В «Лягушатнике» или в «Морде», там садятся на свободное местечко. Детский стульчик «в ногах» стола предназначен для записавшегося на прием заранее. Стул «в головах» — для сплетника-брадобрея. Топкие кресла и диван — это «купон в мягкий вагон». Это для иностранных делегаций.

— Меня зовут Власто Любовьевичевно, садись.

Светик послушно устраивается рядом, теперь Светик на правах члена иностранной делегации.

Отто Гольгеровичевно продолжает строго стоять. Стоять можно по-разному: застенчиво, на своем, гордо — да мало ли как.

— Скажи-ка, милое, вот тут поступил сигнал... — и сигналы поступают по-разному: может поступить с места бедствия, он будет из трех букв, может поступить сигнальный экземпляр — о если б тоже из трех букв! К Власту Любовьевичевну поступил сигнал «иного порядка». — Вот, жалуются на школьников вашей школы, что вас тут учат кислые щи на вкус пробовать... — и пауза, — у иностранных туристов.

— Пробовать всегда надо, это понятно. У нас даже пробирки специально трех видов: чтоб пробовать губой, языком и гортанью. («Помирать нам рановато...») Хотя Алессандро Доменикановичевно говорит...

— Домениковичевно, — поправляет местоблюститель иностранной делегации.

— Да... Домениковичевно... говорит, что юшку кислых щей повар с абсолютным вкусом пробует глазами.

— А как развить в себе абсолютный вкус, этого вам Алессандро Домениковичевно не говорит?

— Это невозможно. С абсолютным вкусом рождаются.

— А у тебя он абсолютный?

— Ну, что вы.

Скромные мы...

— А нельзя вкус, скажем, усовершенствовать?

— Это можно. Это даже нужно стараться делать.

— А вот как?

Светлану вспоминается студент-циник, которому добренькое Скарлатини передало ящик столового серебра на вокзале.

— Вкус — дело тонкое... Есть разные способы. Говорят, лучше всего помогает французская любовь. Но где ее возьмешь, любовь-то? А еще настоящую, французскую... Вытяжка спермина морского котика — максимум, на что можно рассчитывать. С пережитками либидо у нас покончено. Так? Отдельные явления встречаются, но ведь надо же знать где. Лично мне не встречались. Уж и дореволюционное окончание в ход пускаешь, с одним Пахом на даче пробовали, ничего не помогает. В Гурзуфе на международном фестивале редкий случай подвернулся — так нате вам, насморк.

— А равнополое Скарлатини что?

— А что ему, оно добренькое, бульоном поило, утешало. Я ведь на хорошем счету, — скромные скромными, а себя не похвалишь — известное дело, стоишь, как... как завуч, боясь шелохнуться, чтоб не развоняться. Директор, тот ваще. Светик снова набирается наглости, благо запас любопытства растет. — А что? Почему?

— Я тебе прямо скажу, детина, что да почему. То, что вы получаете разные витамины, вытяжки из морских котов — дело хорошее. Мне в детстве тоже рыбий жир давали. Помогло, как мертвому припарки, — смеется, полагая, что шутит. — Но утверждать, что зарубежному либидо мы обязаны своей кухней, рожденной ценою непомерных лишений?! Не каждый народ в состоянии лишиться того, чего лишили нас... — машинально подносит к глазам платок и высмаркивается. — Это кощунство. Мы сбросили половое иго и вступили на тропу бессмертия, кровью и золотом вписав героические страницы в книгу нашей жизни... — Светка кивает: кровь своя, золото немецкое, все проходили. — Либидо в целом по стране обесточено, чем решена проблема нехватки продовольствия, которая, как убедительно показано Виктошей, неизбежна в условиях разделения общества на два антагонистических пола, охваченных либидуозным инстинктом самовоспроизводства путем оплодотворения. С устранением этого инстинкта, изжившего себя исторически и биологически, стало возможным, грубо говоря, накормить страну. И как накормить! На зависть всем врагам, всем народам. Кто завоевывает все кулинарные призы? Мы. Кто победитель на всех гастрономических олимпиадах? Опять же мы. Видано ли было такое прежде — чтобы в Россию со всего света съезжались люди поесть? В голодную Россию... А теперь отвечай, Белоу Пересвет, говорило ли тебе равнополое Скарлатини, что камертон русской гастрономии задают отходы французского либидо?

— Да.

— Вот видишь! И не тебе одному оно это говорило.

— А-а, так мне хотят поручить роль свидетеля обвинения? Когда мы ставили плодово-ягодный проект «Говорит и показывает Аристофан», у меня была роль курочки. Вообще-то, роли животных мне лучше удаются, знаете стихотворение: «Хорошо быть кошкою, хорошо собакою, кого нюхаю, того и трахаю», — это про меня.

ДАЙТЕ НОЖИК, ДАЙТЕ ВИЛКУ, Я ЗАРЕЖУ СВОЮ МИЛКУ. ЛЕТНЯЯ ПЕСНЬ О ДЕМИСЕЗОННОЙ КАМПАНИИ

Что можно сказать про Скарлатини? Старый русский интеллигент чеховской складки. Типичный Михаил Чехов в роли профессора Шумана в фильме «Рапсодия». Да, в Голливуде был на вторых ролях. Тем не менее все эти елизавет тейлоры и витторио гасманы русской кулинарной школы, то бишь побулкины и россетидзе, низко склонялись перед добрейшим Алессандро Домениковичевном, в требованиях вкуса, однако остававшимся утонченнейшим аскетом, никогда не шедшим на поводу у едоков кетчупа.

Такой уж человек, даром что всеобщий голубчик. Ученики на него молились, а взысканные мировым признанием собратья по уполовнику втайне ревновали к их молитвам того, кто, вечно перемазанный соусом «бодуэн де куртенэ», залитый юшкой, как последняя хрюшка, скакал и приплясывал вокруг плиты. Без него, кашеварившего в РГГУ без году век, невозможно было себе представить этот старейший университет страны. Казалось, ветхие стены бывших Высших курсов всегда помнили тень с козлиной бородкой, по-эйзенштейновски крадущуюся то с колбочкой, то с пробиркой, а то и с горкой тарелок. Ординарный профессор, заслуженный деятель русской кухни, Алессандро Доменикевно не гнушалось быть почасовиком в школе, придавая колоссальное значение процессу воспитания молодежи.

И вот на такого человека, на такую хрюшку, кафедра научного сексуализма в лице Анно Аркадиевичевна Домини подняла руку. Со времен Иуды оклеветать бессребреника — святое дело. В письме «группы студентов» даже фигурировал набор столовых ножей и вилок, то ли для него кем-то переданных, то ли им для кого-то... Главное, с черенками в виде куриных тушек. Как хочешь, так и понимай. Да тебе и неважно, читатель (имеется в виду читатель этого письма). Для тебя важно другое, что гений кислых щей стоит на чуждых нам позициях, морально неустойчив и своей подрывной деятельностью ослабляет обороноспособность Сексуальной армии.

Муза ненависти, водившая апостольским пером Анно Домини, отнюдь не была слепой: гастроном-теоретик всегда в контрах с гастрономом-практиком, ибо знает: успех на исполнительском поприще развивает в исполнителе идейную гибкость, доходящую до полной бесхребетности.

Короткими белыми ночами Анно Домини трудилось над своей «Песнью о Скарлатини». Один черновой вариант спешил сменить другой, от раза к разу становясь все чище, исправлений в каждый последующий экземпляр вносилось все меньше, пока после очередного, уж и неведомо какого по счету, полоскания вода в тазу сохранила первоначальную прозрачность. Пускай теперь послание к лемурам повисит на солнышке. Какие-то помарки еще возникнут (бойся, пиит, если их не будет, это свидетельствует против тебя — никак не в пользу твоего текста), но в принципе скоро можно будет уже класть в закрепитель.

Совет в Филях, вздохнув, утвердил план кампании. Питино и Хабное, меньше повидавшие на своем веку, нежели Анно Аркадиевичевно, не желали ставить крест на дальнейших жизненных впечатлениях — а чем, как не этим, обычно заканчиваются сражения с ветряными мельницами? Но Домини удалось убедить их, что если кто здесь и ветряные мельницы, так это они сами. Подумав, оба согласились вывести свои полки.

При каждом профессоре-докторе имеется чертова дюжина докторят — нищих духом подмастерьев, что попрыгают за своим учителем в пропасть. Но не всем стадом. Наверняка отыщется один, орешек покрепче, предатель-идеалист... Совестливый до суицида. И уж точно бессребреник. Сказки об их сребролюбии хороши для тех, кто *верит* на свой аршин, кто кричал, кричит и будет кричать «распни!».

Но перебежчиков из стана в стан — баш на баш. Другой тип ученика-предателя — это тот, кого берут за филейную часть и говорят: «Долг платежом красен. Подписывай-ка, равнополое Димитриади, что шеф-повар твой — отравитель».

Иными словами, свидетельства слуг, рабов, клиентов истца (обещанных полков) маловато.

Трэба чтоб «из независимых источников» тоже. Нет проблем. Глядь, и под письмом красуется подпись приготовишки, не какого-нибудь там кандидата на отчисление, а перворазрядника: «сто пятьдесят ударов секачом в минуту, лучший показатель». Лучше всех и покажет. А на буксире-то (гляди! гляди!) приволок еще одного приготовишку, совсем малолетку. С прицепом оно всегда здоровее. Если чистый продукт. Ну а здесь сама непорочность. Это подтверждает равнополое в ранге разъезжающего в черной тачке с личным погонщиком (погон у шофера хоть и маленький, да удаленький, по крайней мере, в глазах квартирных соседей).

Восток ловит на крючок неосмотрительных, запад не ловит никого, ловят его — не у всех получается. Какой теоретик не мечтает стать практиком. Но мечты мечтами, а конкурс конкурсом. Трудно пролезть в игольное брюшко приготовительного факультета, чтобы потом гастролировать по всему миру в составе поварских бригад. Перевестись с другого факультета еще сложней, это как с вечернего на дневной.

Перебежчик из стана теоретиков сдул кляузное письмо и под покровом ночи вручил его Данте Габриэлиевичевну. («Полечу-ка я к этим царственным птицам, они, наверное, убьют меня за то, что я, такой безобразный, осмелился приблизиться к ним, но пусть! Лучше пусть они убьют меня, чем сносить...»)

Так, за несколько часов до форсирования Буга кулинары уже знали обо всем. Но скованные ужасом паладины пиров всех миров и народов не предприняли ничего решительно. С покорностью Сарданапала ждали они своей участи, готовые по первому слову отдать на съедение и всеобщего хрюшку, и любого, кого потребуется. Взойти на костер «за Вэру» было бы даже как-то странно. Они все были одной веры, сами недурно кормились за ее счет и других подкармливали. Взойти на костер с гордо поднятой головой, а перед тем оказать героическое сопротивление — вот что означало отпасть от веры, отречься от своей правды во имя неизвестно чего, вернее, известно, слишком хорошо известно. Не бывать этому! Да здравствует наша кулинария, великое завоевание сексуальной революции! Вперед к торжеству бесполого общества! Пли!..

Само добренькое Скарлатини сидело, подперев кулачком чеховскую бородку и тупенько глядело перед собой. Не жаждал, не гадаждал, что называется. В благодарность за все...

Побулкино, Вилли Базилиовичевно, среди ночи известило его телефонным звонком:

— Суши сушки, Сашко. Теоретики всей кодлой накатали на тебя ксиву.

— На меня?

— На тебя. Приказом ректора ты временно отстранено от преподавания.

— Аркана? Но...

— Завтра. Все завтра. Извини, что так поздно. Спокойной ночи.

Пищик. Алессандро Домениковичевно растерянно смотрит на трубку, прежде чем положить ее.

— Дантик, это я.

— Звонил?

— Звонил. Подготовил.

— Бедняга. Говорит что-нибудь?

— Отказывается верить. Что Аркан?

— В кусты, по своему обыкновению. Говорит, что это очень серьезно.

— Из кустов? Не из горящих, случаем?

— Это и правда очень серьезно.

— Без тебя знаю.

— Там какой-то подросток придурок. На Сашу дело заведено: отрицание национальных истоков... ну, ты в курсе его теорий. Сколько ему говорено было: молчи, кто тебя, дурачину, за язык тянет. «Что вы, Данте Габриэлиевичевно, не те времена... об этом уже пишут...»

— Да, пишут. Куда следует. В общем, никаких резких движений. Не провоцировать инфаркт.

— Что касается меня, то в понедельник я ложусь на обследование.

— До понедельника еще дожить надо. Я завтра ложусь. Не хотелось просто тебя расстраивать.

— Ты меня пугаешь. Так тоже нельзя, слышишь, Виля?

— Только так. По мосту строевым шагом не ходят, ясно?

— Если хочешь знать, приказ еще не подписан. Аркан еще чего-то выжидает.

— Перед Москвой стыдно, перед Кулинарной академией. Вот и выжидает. Когда министерство через дорогу, будешь прогрессивным. Завтра подпишет, увидишь. Вывесит не раньше понедельника.

— А ты: до понедельника дожить надо. Вот и доживу, с Ложьей помощью. А в понедельник отправлюсь помирать. Чего только мы им не привозили — помнишь, из Японии, одних только циркониевых браслетов... Погоди, так ты что же, завтра совсем не объявишься? А как же семинар? «Желтая опасность в кулинарии». Я что, в гордом одиночестве буду восседать?

— Сало, Хавченко, Рыгайло, Погодкино, Щеттин, Рылеево-Уважено... это, как его, Лохань... Тебе мало? Завтра в восемь я уже в Кащенко.

— Такую даль?

— Подальше положишь, поближе возьмешь.

ДАЛЬШЕ, ДАЛЬШЕ, ДАЛЬШЕ

Если головка, не забывшая, как ее недавно причесывал стальной гребешок, уже готова была протянуть ножки, то сами ножки этого делать и не думали. Ножкам вообще думать несвойственно, зато их и не рубили. Они — простой люд, множество ботинок, носков. Сотворенные из клеток тех, что сорок дней простояли у гроба Урицкого. Молодые, сильные, с напруженными икрами, они вдруг затопали по лестницам РГГУ, собираясь в актовом зале. Все на защиту нашего голубчика! Гори оно сизым пламенем!

Стихийное полсомольское собрание. Повестка дня: антиполовое поведение — ниже следует акростих, воспроизводящий неизвестное слово из тринадцати букв, «первый секач» (как бывает «первая ракетка») открывал список и на сей раз.

В президиуме Колян. Против — рядами — груди, груди, груди, на которых сверкают полсомольские коготки. Что им, головоногим, стальные зубья в чьем-то темени, когда давно уж и парикмахерские-то позакрывались. Как в песне поется: «Это было недавно, это было давно». Мы живем в эру модельных стрижек под канадскую польку и смутных надежд на былую специализацию пола.

Стихийная реакция не предусматривалась — потому-то и не противоречила уставу ВТПСМ. Журавля потчевали манною кашею. Шутка? Насмешка? Самоиздевка? Так во всем. «Всесоюзный Союз». Да, скифы мы, головоноги мы, гы-ы...

Составлявшие эти липовые уставы, чайные церемонии — где чашечки без донышек — стихию видели запрограммированной, управляемой. Иначе быть не могло. Разве не в преодолении слепой враждебной нам природы цель сексуальной революции? Великий гностический бунт — человекобожий, он же головоногий. (Между «человекобожеством» и «головоножеством» нет разницы иной, кроме как в оценке сего явления.)

Писатели уставов были абсолютно правы — теоретически. Никудышные практики, они не учли того, что управление стихией, регуляция природы раньше или позже перейдет в чужие руки. Давно умершие вулканы и то превращаются в действующие, что же говорить об уставе ВТПСМ. По иронии судьбы, возводимая ими Вавилонская башня не что иное, как метафора смены власти. Изобретатель да будет свергнут собственным изобретением — для того и изобретал (по одной версии). Изобретатель такой уж оказался аховый (по другой версии).

Когда до Анно Аркадиевичевна допер наконец внедорожник происходящего, телефон уже звонил.

— Доцент Домини, слушаю...

Из ректората. Не *само*, как еще накануне, а Цой Николаевичевно — это нечто сидящее в приемной, размером и видом похожее на пирамиду египетскую, только ужасно крашенное. Арканджело Воиновичевно велело передать, что решением полсомольского бюро РГГУ на два часа назначено общее полсомольское собрание. Приглашен профессорско-преподавательский состав, будут дети райка, и еще из полкома ожидается прибытие двух равнополых товарищей.

А начинался день так светло, так празднично. Первым влетает Хабное: «Делов!» Докладывает: на Данте лица нет, заперлись с ректором, Зойкой уже собственноручно приказ отпечатан.

— Ну, Христос воскресе...

Потом и другие подоспели, каждый со своим яичком. Сюрприз вылупливаемости высок.

— По распоряжению проректора по хозяйственной части в кабинете Скарлатини плиту не топят. Сидит голубчик в холодной.

Злорадствуют даже те, кто еще недавно числился в своих.

— Побулкино с инфарктом отправлено в больницу. Так недолго и в Похлебкино превратиться. Совсем не бережет себя Вилли Базилиовичевно.

— А что же семинар по Владимиру Соловьеву, по желтой опасности в кулинарии, отменен, что ли? — спрашивает Анно Аркадиевичевно строго.

— Состоится вроде бы. Но председательствовать на нем будет Рыгайло.

— А из Чапека на самом деле уже приходили, — встревает кто-то, наверное, даже заведомо врет. — Опечатали что-то.

Эмблемой ЧПК была огненная стрела, а девизом библейское: *Опечатай мною сердце свое и надень перстень мой на руку свою, ибо крепка, как смерть, моя любовь и люта, как преисподняя, ревность — стрелы ее стрелы огненные.*

Ничего удивительного, что на Данте, о преисподней знавшем не понаслышке, лица не было.

Потом напор донесений упал, что само по себе не внушало опасений: по-прежнему трамвай ходил, по-прежнему Мойка двигалась и не двигалась, вся из бензиновой радуги.

В помещении ученого совета няньчики в мышином сатине ставили стулья спинками к батареям, сиденьями лицом к докладчику. Одного няньчика звали Дусём. Бороздя стульями паркет, они переговаривались:

— Затевают чего, а Дусь?

— Да собранье будет калсамольско, не здеся, в автовом, с хрустальными колоннами.

— Не концерт, значит?

— Не концерт, не...

Мышиный цвет выдает принадлежность к трюму, а в трюме все сразу становится известно. Это с капитанского мостика бегут последними.

Анно Аркадиевичевно с удивлением протирает глаза, хоть и бдит с пяти утра, если не всю жизнь. Богатыри Невы вышли из берегов? Сметают на своем пути всю устную традицию, опираясь на писаный закон? Ответом чья-то вытянутая морда, отведенный взгляд, недавно еще искавший дружеского перехвата. А теперь что ж, я не я, и хата не моя — моя с краю.

По-прежнему в праздничной скорлупке пол. Выметут.

Больной, умирающий, может, уже умерший, является Побулкино. Не улежать ему было в морге. Как?.. Алессандро Домениковичевно, гордость Руси поваренной, сидит при погашенных очагах? Не могу молчать, не могу спокойно умереть.

Его встречают как героя. Правильно делают. Симуляция геройства и есть наивысшее его проявление. А все Данте Габриэлиевичевно, которое привычно сгоняло на тот свет. В белом больничном халате поверх белого халата работника пищеблока Россетидзе сам смахивает на пациента — из психиатрического отделения. Подозрение усиливается, когда посетитель (один из двух его халатов напоминает смирительную рубашку) шепчет на ухо умирающему:

— Армия перешла на сторону голубчика. Куст горит сизым пламенем, и голос из него вещает о возврате к сексуальным ценностям.

Чудо не заставило себя ждать. Аз есмь воскресение и жизнь посредством благой вести, все сходится. Смерть никого не вырвала из наших рядов.

— Век тебе этого не забуду, Дато.

— Век человеческий короток.

— Память еще короче.

— Только на добрые дела, так — нэт.

— Так тоже. Оглянуться не успеешь. День дольше века длится.

— А знаешь, как мучительно долго тянутся часы в тюрьме?

— А как мучительно долго тянутся минуты, пока закипает вода в кастрюльке! Все равно теория относительности долголетия разрабатывается исключительно на средства безвременно ушедших.

— Да, рыба ищет, где глубже, а человек — как бы подольше пожить. Хотя наша жизнь, казалось бы, это бесконечный тупик.

— Да, выхода из нее нет. Поневоле жаждешь ее продолжения, как идиот.

Этот философический диалог был рассчитан на тех, кто снимал Вилли Базилиовичевна со штатива. В «Волге» разговор был короткий:

— Совсем не факт, что подальше ляжешь, поближе встанешь. Быть в нужный момент на раздаче — первая заповедь кашевара. Когда не по чину на себя берешь, по шарам же и получаешь, — имелось в виду Домини. — Разницу прикарманивает тот, кто ближе стоит.

Побулкино не спорит. Это подтверждает его понимание своего места во вселенной, центр которой повсюду, а периферия нигде: где я, там и раздача. Астрологически полная противоположность Домини: поставь Анно Аркадиевичевна на пляже соленой водой торговать — море отступится. Но виноваты в этом, конечно же, будут узбеки-мелиораторы с раскосыми и жадными очами

Они ехали в экспортной красной «Волге» с черными шашечками и желтыми шинами, клаксон которой издавал залихватское «Канареечка жалобно поет». Друг с другом они связаны великим — тем не менее неделимым — общим котлом с требухой.

ВСТАВАЙ, СТРАНА ОГРОМНАЯ, А ТЫ, // ЛЮБИМЫЙ ГОРОД, СПАТЬ СПОКОЙНО МОЖЕШЬ, // РАЗУЙ ГРАНИТ, НОСКОВ ЧУГУН УЗОРНЫЙ // СНИМИ...

Кривая всех неудавшихся путчей одинаково крива, «от Гостомысла до наших дней». Лихорадочные фанфары с утра. В полдень не рискуешь поставить себе градусник, говоря: «Надо подождать, посмотреть». При этом не уточняешь, кого ждем и на что смотрим. Наступление вечера констатируют уже другие, которые тебя увозят, которые не согласились «подождать и посмотреть».

Не будь кислые щи Алессандро Домениковичевна такими вкусными, история будущего могла бы сложиться иначе. Но путь к сердцу студента лежал через желудок. Ректор РГГУ Арканджело Воиновичевно, по кличке Аркан, имеет обыкновение любую внештатную ситуацию наблюдать из кустов, каковые, в зависимости от ее развития, либо воспламенялись, либо вдруг начинали благоухать холодной котлеткой.

По факту случившегося логистик был простой: сколько у Домини дивизий? То-то. А студентов, как ни крути, на сексотряд наберется. И этот ССО, вооруженный самым передовым в мире учением, на данный момент собирается возводить не коровник, а баррикаду. Какого До-мини нам это надо? Да еще когда сверху спуще-на установка на возврат к такимтовичевским сексуальным нормам. Иди знай, какая у него была норма.

Анно Аркадиевичевна поимели хором, как опущенного на зоне козла. С козлами можно.

— Козля, блин! Сандро за антисексуальный облик похиляли!

С утра был сексуальный час:

— Я вас лупил, — поет Козлян. Итальянский тенор Никколо Никколли. Осекается: — К... к... как по... о...о... хиляли...

— Как, как... коленкой под «как», вот так. Подводка отключена, «за Кузьку» не пригото-вишь (в смысле закуску). Сучьё какое-то насту-чало, что Скарлатини со студентами занимается антисексом.

— Ну, козлы.

Чувство: как в моську плюнули. И круги по-шли — концентрическими сигналами: работают-де все радиостанции Сексуального Союза, пи-пи, пи-пи, пи-пи. Новость обрастает все более возмутительными подробностями. Подлянка, блин, коллективное письмо студентов.

— Ух, попадись они мне...

— Ну и что?

— Я б по морде...

— Мало.

— Мало? Прибавь немножко сала, водичкой разведи.

Скарлатинины прибаутки, еще довоенные, пресные, они прекрасно намазывались на студенческие мозги. Обретали второе хождение из симпатии к «всеобщему голубчику».

— Ты по морде, а тебя из полсомола выпрут.

— Да пошли они все к такойтовичевской матери.

— Буду посмотреть, исполнят тебе козла хором...

Никколо, аккумулировавшее «к», пока «к» этих не набралось на автоматную очередь — к... к... к... к... к... — разряжается идеей, самоубийственной по форме и мудрой по содержанию.

— А если мы им объявим к... к... козла? К... к... как будто мы не пол... пол... пол...

— Полсомольцы, — безжалостно «подсказали».

Коляна избирают коноводом. Уязвленное честолюбие злопамятно по-крупному. Минтяй пятерочник? Да Митек к доносу лапу приложило!

— К... к... кто за? К... к... кто воздержался?

На бюро в группе поддержки такие харизматики, как Миссимо Михайло, самый низкий глас университета:

— Согласно устава созываем общее собрание, — пробасил.

Другая половина актива от голосования воздержалась: проба сил. Чья возьмет, тот и съел. Завораживало, однако, что все на натуральном энтузиазме, обыкновенно готовилось черт знает на чем — какой-нибудь выпускник ГИТИСа работает под юрода: «Даешь редьки сверх хрена!». А тут Катиш Толстормордик пускается в ор, как зарезанное:

— Да кто дал право этим поскребышам выступать от лица всего плова! Таким не место в такомтовичевском полсомоле! Все в актовый зал! В козлы их!

— К... к... комсостав тоже присутствует пуст... ь... ь...

Голоса:

— Во, Козлевич, блин!

— Открытое собрание!

— Всем бюром к Архангелу!

Аркаджелло Воиновичевно обвело взглядом каждого: контуры контриков — в узелок и на память. Но слушало внимательно, кивало. Аркану вовсе не улыбалось стать Гапоном. На Гапона повесят всех собак. И самого в придачу. К счастью, телефонировали из райка: «Мы тут посовещались, — словно не в райке, а в настоящем раю — так могут сказать в Кремле, а не райкоме. (Но ведь и солнце, отражаясь в каждой капельке, кричит: мильоны нас, тьмы! тьмы! тьмы!) — Есть мнение: полсомольская организация вправе иметь свою точку зрения на письмо тринадцати, и к этой точке зрения следует прислушаться».

Во-от такое ухо. Это чтоб лучше тебя слышать, внученька. Выслушало, покивало и говорит:

— К точке зрения полсомольцев на письмо тринадцати следует прислушаться.

«Письмо тринадцати... письмо тринадцати...» — как клеймо на трофейном орудии. Или наоборот: то, что выжигают на лбу у своих, чтоб чужим неповадно было. Еще пол-актива из пассивного сразу стало пассионарным.

— Цой Николаевичевно, — когда они ушли, — свяжите меня с профессором Россетидзе... алё, Данте Габриэлевичевно? Мы там посовещались...

да, с работниками райкома... Письмо тринадцати идет вразрез с точкой зрения подавляющего большинства студентов, и это игнорировать нельзя. На четырнадцать намечено открытое полсомольское собрание. На нем дадут оценку... Да, прямо сегодня, еще успеете съездить и вернуться.

Всем существом своим Митриади осознало вдруг, что наделало. Если б только душу свою загубило — всю жизнь котяре под хвост! Митрич больше не в дружной козле, а в помойке — на помосте актового зала в ожидании гражданской казни. Колян в народных заседателях. Его взгляд никак не перехватить. Рядом с ним настоящая райка в профессионально-молодежном унисексе — крутит в пальцах ручку вокруг своей оси... вокруг ее оси... неважно... Есть что-то в этом райкомовском представителе зернисто-унылое, сернисто-серое, говорящее, что не подняться ему с гнездом от земли, выше райка не прыгнуть: рожденный крысой сам крысеныш.

А Катёныш Толстомордик все упивается своим ораторским даром:

— Ребя-а-та, — плаксивым-плаксивым голосом, — не допустим повторения недавнего прошлого. Каждый знает, во что оно нам обошлось. Без ядер стояла наша артиллерия под Москвой и на Пулково. Высокой ценой далась родимым эта победа. Ребята, мы же полсомольцы! Посмотрите, они же козлы!

Ручка в пальцах полсомольского работника завертелась скорей. И немножко нервно. Напрасно. Верноподданническая крамола — это *пердуха* каких мало. Дешево и сердито, пятью хлебами все нажрутся.

Затем на низких частотах вещало Михайло, Миссимо Михало. Пудовый бас предполагает взвешенный подход — например, проехаться катком.

— Массимыч, да нет же... — вырвалось у Митрича.

С власовцем разговор особый. Остальные с других факультетов, у них и глаза иначе бегают. А Митридату кранты... Бывший первый секач тупо глядит в зал. Зал залаял. Это с триумфом внесли на руках Скарлатини. Побулкино, хоть и после инфаркта, шло само — медленно, но верно продвигаясь в направлении директорского ложа. Под ручку с Данте Габриэлиевичевном.

От половозрелых змиев-искусителей помощи не жди: сидят на своих хвостах, сами чуть живы. На Питино с Хабное жалко было смотреть, на Домини — даже не жалко. В отличие от них, Анно Аркадиевичевно старенькое, ему все равно. Правда, так говорить некрасиво, потому что безнравственно. Другое дело — справедливость. Это способ решать проблему добра и зла с позиции здравого смысла. Справедливость вне эстетики, в отличие от нравственности. Последняя — продолжение эстетики другими средствами. Иначе не было бы безнравственных мыслей, лишь поступки. А некоторые еще и говорят то, что думают: «Да будет слово ваше "да, да", "нет, нет"». Заметьте, мы удерживаем нить, мы ни на миг не упустили из виду престарелого Анно Аркадиевичевна. Итак, нравственно ли право на счастье

ставить в обратную зависимость от возраста? Что
там на весах Иова? Грамматически горе, смерть,
добро, зло не имеют множественного числа. Над
тринадцатью душами произнесен приговор? Да
хоть тыща! Хоть тысяча этих приговоров —
смерть-то одна. От количества слагаемых сумма здесь не меняется. Одна смерть — трагедия,
миллион смертей — тоже трагедия. (Здравый
смысл шепчет: может, трагедия не равна трагедии? Но эту последнюю надежду на возможность
справедливых решений отметает моралист.)

— Ставим вопрос на открытое голосование.
Пики рук.

— Решением общего полсомольского собрания объявляются козлами отпущения грехов наших... — читает фамилие, имя, родимовичевно,
дату клонирования. Решение вступит в силу в
момент исполнения всем залом второй строфы
«Интерсексуала». Стоя споют:

> Мир яйцеклетки мы разрушим
> И с корнем выкорчуем пол.
> В свободной клетке наши души.
> А кто не с нами, тот козел.

Козлы в университетах не обучаются, они
питаются исключительно травой и корой и понимают только язык хворостины. Последующая
логика событий ясна. В старину это называлось
отчислением с волчьим билетом, теперь — с козлиным.

АННО ДОМИНИ

Велик был год и страшен год от Рождества Христова 1918, но 1919-й был его страшней. А 1920-й какой был страшный! И так с каждым годом, все страшней и страшней. Уж очень печальная история — история будущего, Анно Аркадиевичевно обязано это понимать. Чем мощней заряд, тем сокрушительней отдача. Историк будущего, Домини все знает наперед, но когда руки чешутся... Лупит, и у самого же искры из глаз. В конце концов Анно Аркадиевичевно поплатится почетным своим намордником — за ненадобностью. Раз нюха нет, зубов нет, снимай-ка с себя боевое облачение. Пенсия.

(Keine Rache, nur Rente[1]. В Граде Земном, где религией была точность, понимаемая как честность, понимаемая как справедливость, понимаемая как нравственность, воздвигнут храм искусства будущего, «крематорий, к тому же какой-то старомодный», по замечанию русского путешественника. Уже более ста лет, как в нем ежегодно свершается великое таинство. Допущенный к участию в мистериях посвященность свою ощу-

[1] Не месть, только пенсия (нем.)

щает с мистическим трепетом. Но вот приходит срок этой самой «Rente», которая, хоть и не «Rache», коня на скаку остановит. Нам памятен случай, когда в оркестре «старомодного крематория» один винтик по истечении срока годности был заменен другим, новеньким. Трагедия? Да нет. У отставной козы барабанщика станет правилом пускать по утрам «Гибель богов» и с пластинкой вместе играть свою партию. Лучше быть хорошей лошадью, чем плохим извозчиком.)

Без долгих сборов его препроводили на заслуженный отдых. Бывш. завкафедрой научсекса и ст. преподаватель истории будущего, в прошлом секретарь горкома по сексуальным вопросам, Анно Аркадиевичевно в последний раз идет-бредет по историческим местам. Сейчас за его спиной расползутся разваренным пельменем часы-полип, свесится листом раскатанного теста циферблат, под «Спят усталые игрушки» Медный Змий свернется пластилиновой колбаской. Все давным-давно описано и давным-давно нарисовано, подробности на сайте «вау вау вау сюр инопланетных превращений точка ком».

На следующий день можно никуда не ходить. Потому что некуда, а не потому, что можно.

На следующий день *не нужно* никуда ходить. Не потому, что некуда, а потому, что не нужно.

Еще день спустя бумажная скатерть покроется липкими олимпийскими кольцами — многочисленными следами от кружки. Крошки повсюду.

Дни идут, руки чешутся.

Руки по-прежнему чешутся, а почесать не обо что. Перебирая пожелтевшие карточки, Домини не оставит ни одной пары глаз невыколотыми. Под сухим пером (вид гравюрной техники) они превратятся в бумажные бельма.

Дни становились дождливей и ветреней. Деревья быстро облетали, все меньше залетало в фортку мух. Подоконник был усеян их сухим остатком — каждую, сочетавшую рев мотора с ударами о стекло, перышко не просто протыкало, но подвергало такой злой пытке, что царь Иван Васильевич во гробе содрогался, а Вельзевул, повелитель мух, глубо́ко, мучительно завидовал. Давно ли еще этим пером выставлялся в матрикул вожделенный «уд» — теперь оно гарпунит мух со страшной силой.

Несколько недель длится *ломка*. Вызванная соседями карета «Скорой помощи» заберет Анно Аркадиевичевна в больницу, где взамен «унисекса» на него наденут наволочку в человеческий рост. Лило как из ведра — редкие машины проносились по мокрому шоссе на ходулях света. В двенадцатом часу, заехав еще по нескольким адресам и укомплектовавшись, «скорая» прибудет по назначению. Общежитие РГГУ, игравшее с больницей Кащенко в гляделки, вело с неустановленным счетом. Освещенных окон по фасаду больницы было куда меньше: студенты — известные полуночники, больные же маются во мраке, репетируя скорое небытие. «Унисекс» привлек к Домини внимание врача, дежурившего в приемном покое.

— Расколбасили мужика, — скажет врач. — Под самый корешок.

Листавшего паспорт братину этим не удивишь: время было такое. А можно подумать, сегодня есть у кого-то личная жизнь...

— Последнее место работы: доцент РГГУ, — перелистывает еще страничку. — Многолетний донор клеток.

— Ну, ясно, тиражом в несколько тысяч издался. В Гастрономическом все такие.

— У одних знакомых ребенка кулинарии учили. Профессионально. В специальную школу ходило. Отчислили. Представляете, поставили двойку по поведению. Я своему Юльке говорю: «Видишь, главное — хорошо себя вести». А то не слушается. Возраст нехороший... колобродит...

— Чему там колобродить, Маруся, чему там колобродить! — в сердцах восклицает доктор.

Марио Елизаветовичевно не спорит. Впереди тяжелая ночь.

* * *

Что это было! Виденье гробовое? Ночь, приснившаяся себе самой? Ты у нас — ночь. Испуганно озираешься по сторонам. Виктоша спит. Ступаешь тихо, не зажигая света, чтобы не разбудить. Во сне человек — дитя безгрешное, бесполое. Конечно, иллюзия — оттого, что ночь бисексуальна, как эмиграция. Впору и богатству, распивающему шампанское у «Доминика». И с бедностью — два стоптанных сапога пара.

Телебашня в черном небе отливает драгоценным огнем, попеременно синим, зеленым, изумрудным — подобно чешуе дракона, ночью встающего над городом. Всякий раз, возвращаясь по улочке, погруженной во мрак, слышишь бархатный голос:

Eine Straße muß ich gehen,
Die noch keiner ging zuruck.*

Голос доносится из больничного корпуса — из каждого окна, с каждой койки. Для всех для них сверкающая башня в окне — кафковский замок, знак их болезни, бесстрастный ее соглядатай. Ниспошли же утешение всем, кто ночи напролет не сводит глаз со светозарного чудовища — сам горя огнем. Кто не может ходить, не может есть, не может дышать, не может более терпеть боль. Утешь ее, без различия грехов, возраста, пола. Не за себя молю. Такомутовичу ничего от Тебя не надо. Он ангел Твой. Только ангелы восстают на Творца. Дерзко он выкликает Имя Твое: Черная Дыра. Видишь, не страшится он Твоей черной дыры...

Нащупывая в кармане ключ, подходишь к дверям дома, на котором местный гений, он же гений места, начертал, довольный собою:

Der, der Berge hat begipfelt,
Der, der Buben hat bezipfelt,

* «Я должен идти улицей, по которой еще никто не возвращался». Песня Шуберта «Wegweiser». На слова В. Миллера (нем.)

Der, der Madchen hat gespalten —
Der soll dieses Haus erhalten.

В Виктошином переводе:

Тот, Кто создал горы, выси,
Кто мальчишкам дал пиписи,
Кто девчат располовинил —
Этот дом храни отныне.

Нет! Не хочу и не буду.

Весна 2002 — 14 января 2003

Оглавление

Леонид Гиршович
Фашизм и наоборот

Дизайнер *Т. Ларина*
Редактор *Н. Мыльников*
Корректор *Л. Морозова*
Верстка *С. Петров*

Налоговая льгота — общероссийский
классификатор продукции ОК-005-93, том 2;
953000 — книги, брошюры

ООО «Новое литературное обозрение»
Адрес редакции:
129626, Москва, И-626, а/я 55
Тел.: (095) 976-47-88
факс: 977-08-28
e-mail: real@nlo.magazine.ru
Интернет: http://www.nlo.magazine.ru

Формат 84х108/32. Бумага офсетная.
Гарнитура Newton. Тираж 1500 экз. Печ. л. 12,75. Заказ № 2073.
Отпечатано с готовых диапозитивов
в ООО «Чебоксарская типография № 1»
428019, г. Чебоксары, пр. И. Яковлева, 15.

Издательство
НОВОЕ ЛИТЕРАТУРНОЕ ОБОЗРЕНИЕ
В 2003—2004 гг. вышли:

«Художественная серия»

Елена Толстая. **ЗАПАДНО-ВОСТОЧНЫЙ ДИВАН-КРОВАТЬ**

В книге собрана проза Елены Толстой, известного иерусалимского филолога-слависта, автора книги «Поэтика раздражения» и др. Ее тексты, будь то рассказы о ленинградском детстве или квартирном вопросе в Иерусалиме, обращены к объективной «словесной» реальности — их можно назвать «литературой факта». Объекты для своих деконструкций автор выбирает самые разнообразные: краеведческий сборник 1884 г., словарь псевдонимов, старая газета, сегодняшний лис-ток объявлений — все становится поводом для веселой игры и увлекательного, пластичного и яркого повествования.

Александр Гольдштейн. **ПОМНИ О ФАМАГУСТЕ.** Роман.

Новая книга известного прозаика, эссеиста Александра Гольдштейна («Расставание с Нарциссом», НЛО, 1997, премии Малый Букер и Антибукер; «Аспекты духовного брака», НЛО, 2001, шорт-лист премии Андрея Белого) — затягивающий, необычный роман, в котором сталкиваются разновременные пространства, от Сергиева Посада до Закавказья, от Кипра до Палестины, а также фантасмагория и сатира, гладиаторский цирк и православный монастырь, толкование идей и исповедальные приключения плоти. Пленники диковинных, экзотических обстоятельств на сломе эпох, герои романа жаждут поступка и преображения, чтобы чудесным деянием расшевелить ткани мира, поколебать жестокую неподвижность материи. Увлекательный сюжет этой прозы неотделим от языковых экспериментов, уподобляющих ее орнаменту, узору.

Евгений Шкловский. **ФАТА-МОРГАНА.** Рассказы и повесть

Евгений Шкловский — один из наиболее интересных современных рассказчиков, автор книг «Заложники» (1996), «Та страна» (2000) и многих публикаций в периодике. В его произведениях, остросюжетных, с элементами фантастики и гротеска, или неспешно лирических, иногда с метафизическим сквознячком, в искусном сплетении разных голосов и взглядов, в сложном взаимодействии текста и подтекста приоткрываются глубинные моменты человеческого существования. Поиски персонажами самих себя, психологические коллизии — все это находит свое неожиданное, трагическое или комическое, преломление в самых вроде бы обычных житейских ситуациях.

Кирилл Кобрин. **ГДЕ-ТО В ЕВРОПЕ:** Проза non-fiction

Книга Кирилла Кобрина — о Европе, которой уже нет. О Европе — как типе сознания и судьбе. Автор, называющий себя «последним европейцем», бросает прощальный взгляд на родной ему мир людей, населявших советские города, британские библиотеки, голландские бары. Этот взгляд полон благодарности.

Здесь представлена исключительно невымышленная проза, проза без вранья, нон-фикшн. Вошедшие в книгу тексты публиковались последние 10 лет в журналах «Октябрь», «Логос», «Урал» и других.

Вячеслав Сысоев. **ХОДИТЕ ТИХО, ГОВОРИТЕ ТИХО**

Книга Вячеслава Сысоева представляет собой расширенный и дополненный вариант книги, написанной в 1982 году: тогда по цензурным соображениям не все могло войти в текст. Это не вполне мемуары; скорее, это фантасмагория на автобиографическом материале. Сама биография автора фантагмагорична: едва ли не единственный из русских художников-нонконформистов, Вячеслав Сысоев подвергся репрессиям конкретно за "художество" — отсидел два года по статье 228 УК РСФСР ("За изготовление и распространение порнографических изображений"), а до этого четыре года скрывался от ареста, развенчав тем самым миф о всесилии власти и всезнании ее карательных органов. Как и в рисунках Сысоева, в его увлекательной прозе причудливо сплавлены изощренность и лубочность, сатира и гротеск; ей присуща интонационная и композиционная многослойность. Книга иллюстрирована работами автора.

Издательство
НОВОЕ ЛИТЕРАТУРНОЕ ОБОЗРЕНИЕ
В 2005 г. вышли:

«Художественная серия»

Дмитрий Пригов. **РЕНАТ И ДРАКОН**
(романическое собрание отдельных прозаических отрывков).

Дмитрий Александрович Пригов (р. 1940) — известный поэт, прозаик, художник, лидер и теоретик концептуализма, лауреат Пушкинской премии (1993), автор ставших хрестоматийными авангардистских текстов. Новый роман Пригова — повествование, сочетающее картины обыденной жизни и всевозможные фантазмы, которые обнаруживаются в разнообразных местах планеты и в самых различных временах. Оказывается, весь мир вокруг нас густо заселен огромным количеством невообразимых тайных сущностей и существований, которые открываются только благодаря «посреднику», «медиатору» — главному герою романа. Он вынужден вмешиваться в ход древнейших событий, дабы предотвратить крах современного мира. Как всегда, причудливый художественный мир Пригова строится на игре и гротеске, почти этнографической точности реалий и эксперименте.

Александр Пятигорский. **ФИЛОСОФИЯ ОДНОГО ПЕРЕУЛКА.
ДРЕВНИЙ ЧЕЛОВЕК В ГОРОДЕ**
Романы

Проза выдающегося современного философа Александра Пятигорского — редкий случай сплава философии и литературы, в котором они оказываются равно необходимыми. Или, как сказал Пятигорский в интервью, «роман... мне представляется наиудобнейшим жанром для экспозиции самоосознания философа». Оба включенных в эту книгу произведения (роман «Древний Человек в Городе» впервые выходит в книжном издании) — об Истории и о том, как человек может о ней мыслить. Герои романов Пятигорского по-разному пытаются понять, как возможно в XX веке, родившись в России, быть историческими субъектами; но они — не персонажи притч, а люди со своими представлениями о мире, со своими страстями и индивидуальным чувством юмора.

Издания
«Нового литературного обозрения»
(журналы и книги)
можно приобрести в следующих магазинах Москвы:

«Ад маргинем» — 1-й Новокузнецкий пер., 5/7;
тел.: 951-93-60
«Библио-глобус» — ул. Мясницкая, 6;
тел.: 924-46-80
«Гилея» — Нахимовский просп., 51/21;
тел.: 332-47-28
«Гнозис» — Зубовский бульвар, 17, стр. 3, к. 6;
тел.: 247-17-57
«Графоман» — 1-й Крутицкий пер, 3;
тел.: 276-31-18
Книжная лавка писателей при Литфонде —
ул. Кузнецкий мост, 18; тел. 924-46-45
Книжная лавка при Литинституте —
Тверской бульвар, 25; тел. 202-86-08
«Молодая гвардия» — ул. Большая Полянка, 8;
тел. 238-50-01
«Москва» — ул. Тверская, 8; тел. 229-64-83
Московский Дом книги — ул. Новый Арбат, 8;
тел.: 203-82-42
Книжный клуб 36,6 — Рязанский пер, 3;
тел.: 261-24-90, 265-13-05
«Фаланстер» — Б. Козихинский пер., д. 10;
тел.: 504-47-95
«У кентавра» — Миусская пл., 6; тел.: 250-65-46
Интернет- магазин «Озон» — www.ozon.ru
Интернет- магазин «Болеро» — www.bolero.ru